JN126881

そのまま使えるモデル英文契約書シリーズ

はじめに

　人口減少が続く中、これまで国内市場のみを対象としてきた日本の中堅・中小企業であっても、ビジネスの維持・発展のためには、海外の旺盛な需要を取り込む必要がある。しかし、同じ文化に属する国内取引先と違って、海外企業との取引では思わぬトラブルが発生することがある。これは、早くから国際取引に乗り出してきた日本の大企業が経験してきたことであり、不慣れだったでは済まないほどの大きな損失を被った例も少なくない。これに対して、中堅・中小企業が国際取引において損失を被った場合、それを吸収するだけの体力がないおそれもある。

　先人が経験した苦い経験を繰り返す必要はない。これから国際取引に乗り出そうとする企業は、過去の経験に学び、国際取引に伴うトラブルに備えた適切な予防措置をとるべきである。すなわち、外国企業から示された英文契約書案にそのままサインするのではなく、日本企業の立場から様々な事態を想定し、相手方に対して逆提案をし、きちんとした交渉を経た上で契約を締結すべきである。とはいえ、国際取引に不慣れな企業にとって、自ら詳細な英文契約書を作成することは困難であり、またその作成を渉外弁護士に依頼した場合には高額な費用が発生する。

　そこで、JCAA では、これまで日本企業が当事者となった仲裁事件を処理してきた経験に照らし、国際取引に不慣れな中堅・中小企業が契約書を作成する際に参考にして頂くべく、本シリーズを発刊することとした。本シリーズでは、各条項の解説の随所で、その条項の説明にとどまらず、その条項が扱っている事項はどのような意味があるのかを自覚的に考えることができるように工夫している。なお、異なるモデル契約書に登場する類似の条項例や解説は必ずしも同一ではないが、趣旨は同じである。

　また、国内の取引では紛争解決はいずれかの地方裁判所での裁判により最終的には解決される旨を定めるのが当然と考えてきたかもしれないが、国際取引をめぐる紛争については、外国での裁判を飲まざるを得ないとすれば、それは外国語で外国訴訟法に基づく手続の末に外国人の裁判官が外国語で判決を下すことを意味する。他方、日本での裁判は相手方の外国企業が拒否することになろう。そのため、国際取引紛争の解決のためには仲裁が用いられることが多い。すなわち、日本人と外国人から構成される仲裁廷により最終的な解決を図るのである。本シリーズでは、JCAA ならではのこととして、仲裁条項のドラフティングについて詳しく説明している。

　本シリーズのモデル英文契約書が実際の契約書作成にあたり参考となれば幸いである。最後に、本シリーズの刊行にあたり、丁寧な監修により最新のモデル契約書に刷新して頂いたアンダーソン・毛利・友常法律事務所の仲谷栄一郎弁護士及び中川裕茂弁護士に厚く御礼申し上げたい。

2020 年 4 月

日本商事仲裁協会（JCAA）仲裁・調停担当執行理事

道垣内　正人

目 次

III. 仲裁条項のドラフティング

CD-ROM：実施許諾契約書（許諾者用）【英語、日本語】（MS-Word）

I.　実施許諾契約（許諾者用）の概要

1.　実施許諾契約とは

　何らかの権利（とりわけ知的財産権）を有する当事者が、他の当事者に対し、その実施、使用などを認める契約である。対象としては、特許権などの工業所有権、ノウハウ、著作権などさまざまである。

2.　本条項例

　本条項例は、我が国の企業（許諾者；licensor）が外国企業（被許諾者；licensee）に対して、特許権とノウハウの実施許諾を行う場合を想定したものである。

　実施許諾の方法としては、ある地域においては独占的に、その他の地域においては非独占的にライセンスするという複合的な形にしている。「独占的」とは、許諾者が同一の地域において当該被許諾者以外の第三者に対し、同一の権利を許諾しないという意味である。

3.　実施許諾契約のポイント

　実施許諾契約において注意すべきポイントは次のようなものである。

（1）　許諾する「実施」の範囲

　特許権、著作権などの権利は、「所有権」のような一まとまりのものではなく、たとえば特許権であれば、製造、販売、輸出などの「……する」権利の集合体である。そこで、どの行為までを許諾するのかを明確にしておく必要がある。

（2）　実施料（ロイヤルティ；royalties）

　許諾者としては、実施料の決め方が重要である。頭金のようなものを要求するか、加えて、権利の使用量（製造高、売上高など）に応じた実施料を徴収するか、さらに、最低実施料（権利の使用量にかかわらず、最低限支払わなければならない実施料）を定めるか、などを検討する必要がある。

（3）　被許諾者の付随的な義務

　被許諾者の売り上げを挙げるべく、許諾者としてはさまざまな義務を被許諾者に課そうとすることがある。たとえば、競合品の取り扱いを禁止する、などである。もちろん交渉次第なので、要求する義務をすべて課すことができるとは限らないし、また、独占禁止法の適用により義務を課すことが制限されたりする可能性もある。

II. License Agreement（実施許諾契約）の条項例（英語、日本語）・解説

■ Recitals ／前文

LICENSE AGREEMENT

This Agreement is made and entered into this _____ day of _____ , _____ , by and between _____ , a corporation organized and existing under the laws of Japan, having its principal place of business at _____ , Japan ("Licensor"), and _____ , a corporation organized and exiting under the laws of _____ , having its principal place of business at _____ ("Licensee").

実施許諾契約

本契約は、＿＿年＿＿月＿＿日に、日本国法に基づき設立され存続する法人であって、その主たる事務所を日本国＿＿＿＿に有する＿＿＿＿（以下「ライセンサー」という。）と、＿＿＿＿法に基づき設立され存続する法人であって、その主たる事務所を＿＿＿＿に有する＿＿＿＿（以下「ライセンシー」という。）の間に締結され、以下のことを証する。

Recitals:

WHEREAS, Licensor has been engaged in the manufacture and sale of Products (hereinafter defined) and owns specialized knowledge, information, experience, patents and patent applications relating to the manufacture and use of such Products;

WHEREAS, Licensee is desirous of manufacturing, using and selling such Products in the Territory (hereinafter defined); and,

WHEREAS, Licensor is willing to provide Licensee with the benefit

前文

ライセンサーは、以下に定義される許諾製品の製造および販売に従事しており、当該許諾製品の製造および使用に関し専門的な知識、情報、経験、特許および特許出願を保有している。

ライセンシーは、以下に定義される許諾地域において、当該許諾製品を製造、使用および販売することを希望している。

ライセンサーは、ライセンシーに対し、当該許諾製品の製造、販売および使用のため、当該知識、情報、経験、特許および特許出願の利益を提供する用意がある。

よって、本契約に定める条件を約因として、両当事者は以下のとおり合意する。

of such knowledge, information, experience, patents and patent applications for the manufacture, sale and use of such Products.

NOW, THEREFORE, in consideration of the terms and conditions set forth herein, the parties hereby agree as follows:

解説

冒頭文

① 当事者の名称、設立準拠法および住所並びに②契約締結年月日を記載する。

当事者の名称および住所は、登記簿の記載通りに表示するのが望ましい（ただし、日本の会社の場合は契約書を英文で作成する限りローマ字となる。多くの会社はその定款において英文名称を定めている。その場合はこれを用いるのがよい）。登記された本店以外の営業所または支店において契約を締結し、履行する場合、契約書上の住所表示を営業所または支店とすることがあるが、この場合はその旨明記しておく。

設立準拠法は、明示するのが一般的な慣行である。国によっては（連邦制の国などにおいては）設立準拠法が州法であることもあるので注意しなければならない。

契約締結場所は、契約書の末文に表示することもあるが、冒頭文に表示してもよい。設立準拠法と共に契約の成立、履行、解釈等の準拠法を決定する場合に意味を持つことがある。

契約締結年月日は、特別の場合を除き契約期間の起算点となるので、日付を明確にしておく必要がある。

前文

契約締結に至った経緯、契約の目的等契約の前提となる事項について表示する。

最近の契約書では簡単な表現になっており、完全に省略されることもある。しかし、契約作成時点における当事者の立場および意思を明確にしておくという意味で前文を記載した方がよい場合が多い。

従前に存在した契約関係を基盤として新契約が締結される場合や（一手販売契約をライセンス契約に切り換える等）これに修正を加える場合、あるいは関連する他の契約（例えば合弁契約）がある場合、これらの契約との関係を明確に記載しておくことは重要である。このことにより各契約の適用範囲を明確にすることができる。

前文は通常、法的拘束力を持たないとされているが、契約条項の解釈に疑義が生じた場合には解釈指針となるので、十分注意して記載する必要がある。

なお、前文の末尾に当事者による契約締結の意思表示、すなわち申込と承諾または合意の宣言がなされる。

■ Definitions ／定義

Article 1　Definitions

In this Agreement, each of the following terms shall have the following meanings, unless otherwise required by context:

(1)　"Products" shall mean the products and components and parts thereof set forth in Schedule I attached hereto.

(2)　"Exclusive Territory" shall mean the territory of ＿＿＿＿ , and "Non-Exclusive Territory" shall mean the territory of ＿＿＿＿ . "Territory" shall mean both Exclusive Territory and Non-Exclusive Territory.

(3)　"Technical Information" shall mean all information and knowledge utilized by Licensor relating to the manufacture and use of Products.

(4)　"Licensed Patents" shall mean the patents and patent applications which are listed in Schedule II attached hereto and any and all patents to be granted from said patent applications.

(5)　"Effective Date" shall mean the date on which this Agreement shall come into effect in accordance with the provisions

第 1 条　〔定義〕

本契約において、以下の表現は、文脈上他の意味に解されない限り、それぞれ以下の意味を有するものとする。

(1)　「許諾製品」とは、添付別表Ⅰに定められる製品、コンポーネントおよび部品をいう。

(2)　「独占的許諾地域」とは、＿＿＿＿の地域をいい、「非独占的許諾地域」とは、＿＿＿＿の地域をいう。「許諾地域」とは、独占的許諾地域および非独占的許諾地域をいう。

(3)　「技術情報」とは、許諾製品の製造および使用に関しライセンサーにより使用されるすべての情報および知識をいう。

(4)　「許諾特許」とは、添付別表Ⅱに記載される特許および特許出願並びにかかる特許出願から発生するすべての特許をいう。

(5)　「契約発効日」とは、本契約第 16 条 1 項の規定に従い、本契約が発効する日をいう。

(6)　「改良技術」とは、特許を受けられるか否かにかかわらず、許諾製品または許諾製品の製造もしくは使用方法に関するすべての改良、修正および変更をいう。

(7)　「純販売価格」とは、＿＿＿＿をいう。

of Article 16 (1).

(6) "Improvements" shall mean any and all improvements, modifications or variations, whether or not patentable, in or to Products, or methods for manufacturing or using Products.

(7) "Net Sales Price" shall mean _____ .

解説

第1条 〔定義〕

　契約書に繰り返し現れる重要な語句で、その意味を明確に定めておく必要があるものについては、定義条項においてその意味を定義しておく。また、冗長な表現を省略的な表現で置き換えたり、表現の統一性を図るためにも定義は役立つ。

　例文においては、許諾製品、許諾地域、技術情報、許諾特許、契約発効日、改良技術、純販売価格について定義を定めている。

■　Grant of License／実施権の許諾

Article 2　Grant of License	第2条　〔実施権の許諾〕
(1) Subject to the terms and conditions set forth herein, Licensor hereby grants to Licensee:	(1) 本契約に定める条件に従い、ライセンサーはライセンシーに対し、以下を許諾する。
(a) an exclusive license to manufacture, sell and use Products in the Exclusive Territory under Licensed Patents and Technical Information; and	(a) 許諾特許および技術情報に基づき、独占的許諾地域において許諾製品を製造、販売および使用する独占的実施権、および
(b) a non-exclusive license to sell and use Products in the Non-Exclusive Territory.	(b) 非独占的許諾地域において許諾製品を販売および使用する非独占的実施権。
(2) Licensor shall not grant any further licenses to any third	(2) 両当事者間で書面による別段の合意がなされない限り、ライセンサーは、独占的許諾地域において、いかなる実施権も第三者に許諾してはならな

| party in the Exclusive Territory unless otherwise agreed upon in writing between the parties. | いものとする。 |

解説

第2条　〔実施権の許諾〕

　ライセンス契約において付与される実施権の内容は、一般的に、①ライセンシーがライセンサーの所有する技術を使用して許諾製品を製造する権利、すなわち製造の実施権（製造ライセンス）、②許諾製品の使用権（使用ライセンス）、③許諾製品を販売する権利（販売ライセンス）によって構成される。

　対象技術が特許発明であればその旨と特許出願番号を、ノウハウであればその旨を表示する（特許番号、特許出願番号等は、契約書添付の別表に示してもよい。この場合、契約発効日以降に出願される許諾製品についての特許出願をも含む旨を、別表末尾に明記する方がよい場合もある。例文は、このことを念頭において、作成されている）。ただし、契約書中に具体的な特許を特定せず、関連するライセンサーの特許すべてを許諾特許とする場合もある。製造を下請業者により行う場合のライセンスについては、例文では15条2項を設けている。さらに、商標の使用許諾を与える場合は、本条とは別に規定を設け（12条）、その使用要領などを詳しく定めるのが一般的である。

　実施権の付与の態様は、独占的実施権と非独占的実施権に分けることができる。独占的か非独占的かというのは許諾地域における実施権を付与されているのがライセンシーのみかどうかということであって、上記の①製造、②使用、③販売のライセンスごとに明確に定められるべきである。例文においては、ライセンシー国を独占的な製造販売地域とし、その周辺を非独占の販売地域とする場合を想定した。

　許諾製品については、ノウハウ・ライセンスの場合は現にライセンサーが製造しているものと同等のものを具体的に示すことが多い（例文でもそれを想定している）。許諾製品について詳しく規定する場合は、別条項を設けたり別添付属書類に記載することがある。許諾製品に型式やサイズで番号符号（機種名）が用いられる場合は、これも許諾製品を明確に特定することに役立つ。

　販売ライセンスの地域は、ライセンシー国のみの場合と、これに周辺国を加えたものとがある。周辺国を非独占販売地域とする場合、その他の国への輸出は、輸出を禁止する明文の規定がなくても禁止されているとするのが相当であろう。ただし、販売地域の分割または制限は、各国の独禁法と抵触したり、技術導入政策に反することがあるので、国毎またはケース毎に注意しなければならない（ECの場合は、地域内における商品の自由な移動を制限する条項については、特に慎重な検討を要する）。また、「販売」といっても、実際は、組立・据付・運転等を含むことがあり、これらが許諾技術を使用して行われる場合がある。この場合には、その旨を明確にしておいた方がよいこともある。

　本条項において許諾される独占的実施権（exclusive license）は、特許権者による特許発明の

-9-

使用を禁止する特許法 77 条の専用実施権とは同じではない。独占的実施権は、契約法上の権利義務関係とみることが少なくない。従って、ライセンサーが独占的許諾地域において自己の製品の販売を行うことが制限されるかは、この点を明記しない限り契約上必ずしも明らかではない。そこで、ライセンシーから、独占的許諾地域においてはライセンサー自らが対象技術を使用せず、第三者にも実施権を許諾しないことを明確にすることを要求されることが多いので、かかる制約を受けるかを検討する必要がある。例文 2 項においては、ライセンサーは、独占的地域において第三者に実施権許諾しないことのみ合意している。

■　**Technical Materials ／技術資料**

Article 3　Technical Materials	第 3 条　〔技術資料〕
(1)　Within thirty (30) days after the Effective Date, Licensor shall furnish and make available to Licensee, as part of Technical Information, technical materials utilized by Licensor as of the Effective Date that are considered necessary, in the reasonable judgment of Licensor, for the manufacture, use and sale of Products.	(1)　契約発効日後 30 日以内に、ライセンサーは、技術情報の一部として、許諾製品の製造、使用および販売に必要と合理的に判断する、ライセンサーが契約発効日において使用している技術資料をライセンシーに提供し、ライセンシーの利用に供するものとする。
(2)　Technical materials provided by Licensor shall be written in English and based on the Japanese Industrial Standards and international standards of Licensor. The metric system shall be used in the technical materials.	(2)　ライセンサーにより提供される技術資料は、英文により作成され、日本国の工業規格およびライセンサーの国際基準に基づくものとする。技術資料にはメートル法が用いられるものとする。

解説

第 3 条　〔技術資料〕

　　例文第 3 条ないし第 5 条の規定は、ノウハウ・ライセンスに関する規定であり、純枠な特許ライセンスには設けられない。

　　ノウハウの開示は、まず技術資料の提供によりなされ、ついで補足的に技術指導によりなされるのが一般的である。例文第 3 条は①具体的に提供される技術資料の範囲を明確にし、さらに

②その技術資料の提供方法、時期等を明確にすることを目的とする規定である。

　例文においては、提供する技術資料の範囲の決定につきライセンサーの裁量を認めるため、ライセンサーの合理的判断で必要と考える技術資料を提供するとの条項とした。しかし、技術資料の範囲の決定についてライセンサーの裁量が認められない場合は、具体的に提供する技術資料およびその数量を記載し、ライセンサーの技術資料提供義務の範囲を明確にする必要がある。例えば○○部分の図面を○部とか標準見本を○台のごとき表示方法である。次に何時の時点（通常、契約時点）の技術かを明確に規定する。このことによりその後の改良技術と区別し、また、旧式技術のみがライセンスの対象となっていないことを明確にする。

　技術資料提供の時期は、イニシャルロイヤルティ（第7条1項）の支払時期と関連性を持つこともある。例文においては、契約発効日後30日内を技術資料提供の時期としたが、実際の契約書作成においては必ずしもこれらにこだわることはなく、例えばイニシャルロイヤルティ支払後に技術資料を提供すると定める方法もある。技術内容を段階を追って順次開示するようなことも行われることがある。

　提供する技術資料の引渡場所・引渡方法等を明記することが望ましい。標準見本は、ロイヤルティ（第7条）以外の実費と定めることもある。見本が高価である場合は、その提供自体が一個の売買契約となる（許諾製品が機械製品の場合におけるモデル機、デモ機）。

　技術資料提供の方法として、CAD等の場合は電子ファイルで渡すこともあるが、例文においては、書面にて交付することとしている。技術資料に用いられる言語および技術規格についても、契約書において明確な合意を記載する（例文2項）。

■　Technical Guidance／技術指導

Article 4　Technical Guidance	第4条　〔技術指導〕
Upon request of Licensee, Licensor shall dispatch its engineer(s) ("Engineers") competent, in the reasonable judgment of Licensor, to provide appropriate technical guidance to Licensee pursuant to the following terms and conditions: (1)　Number of Engineers 　(a)　The number of Engineers providing technical guidance any one time shall not exceed _____ (_____). 　(b)　The period for which Engineers	ライセンシーが要求したときは、ライセンサーは、以下の条件に従い、ライセンシーに適切な技術指導を与えるために適当とライセンサーが合理的に判断する技術者（以下「技術者」という。）を派遣するものとする。 （1）　技術者の数 　(a)　一度に技術指導を与える技術者の人数は、_____人を超えないものとする。 　(b)　技術者の派遣期間は、本契約初年度においては合計_____日を超えないものとする。技術者派遣の詳細な

are dispatched shall not exceed
_____ (_____) days in
total for the first year of this
Agreement. A detailed schedule
for dispatching Engineers shall
be separately agreed upon in
advance between the parties.

(c) The period as set forth in
Paragraph (b) above shall
commence as of the date of
departure of Engineers from
_____ Airport of Japan and
shall continue until the date of
their return to said airport.

(2) Expenses and Treatment

(a) Expenses
Licensee shall pay on demand
the following expenses incurred,
or to be incurred, by Engineers
dispatched hereunder.

(i) Round-trip business class
airfare from _____
Airport of Japan to _____
Airport of _____ .

(ii) Other expenses for
traveling, communication
and living during the period
of dispatch in _____ .

(iii) Daily allowance:
Chief Engineer: Japanese
Yen _____ per day.
Other Engineers: Japanese
Yen _____ per day.
These amounts may be
amended from time to time
by mutual consultation

予定は、派遣前に両当事者で別途合
意されるものとする。

(c) 上記（b）項に定める期間は、技術
者が日本国_____空港から出発す
る日をもって開始し、かかる技術者
が当該空港に到着する日まで継続す
るものとする。

(2) 費用および待遇

(a) 費用
ライセンシーは、要求があり次第、
本契約に基づき派遣される技術者に
ついて発生しまたは発生する以下の
費用を支払うものとする。

(ⅰ) 日本国_____空港と_____
__国_____空港との間のビ
ジネスクラスの往復航空運賃

(ⅱ) _____国における派遣期間
中の移動、通信および生活の
ための費用。

(ⅲ) 日当
主任技術者：1日につき_____
__円
他の技術者：1日につき_____
__円
これらの金額は、金額の変更
を必要とするライセンサーの
給与基準またはその他の経済
情勢の変化に応じて、随時、
両当事者による協議により改
定されうるものとする。

(ⅳ) _____国における派遣期間
中の医療費。

(ⅴ) _____国において上記（ⅲ）
の支払いに課せられまたは徴
収されるすべての租税および
関税。

between the parties according to subsequent change in Licensor's standard allowance or any other economic circumstances that necessitate such change.

(iv) Medical expenses during the period of dispatch in _____ .

(v) All taxes and duties of whatever nature imposed or levied in _____ on the payments of (iii) above. Payments of item (i) through (iv) above shall be made in Japanese Yen.

(b) Working conditions

(i) The working hours of Engineers shall not exceed eight (8) hours per day. Holidays for Engineers shall be Sunday and Saturday each week and local national holidays. If Engineers work more than eight (8) hours in a given day or beyond normal business hours, Licensee shall pay Engineers in accordance with Licensor's wage regulations.

(ii) Licensee shall take full responsibility and due care for the protection of Engineers' physical well being, life, property.

（i）ないし（iv）の支払いは、日本円で行われるものとする。

（b）労働条件

（i）技術者の労働時間は１日８時間を超えないものとする。技術者の休日は、毎週土曜日および日曜日並びに現地の祝日とするものとする。技術者が１日８時間を超えてまたは通常の営業時間外に労働する場合は、ライセンシーは、ライセンサーの賃金規定に従い、技術者に対し支払いをするものとする。

（ii）ライセンシーは、技術者の身体の健康、生活、財産の保護につき、完全な責任を負い、相当な注意を尽くすものとする。

（iii）ライセンシーは、派遣期間中、技術者に快適な生活を保証する。

(iii) Licensee Shall ensure comfortable living standards for Engineers during the dispatch.	

解説

第4条 〔技術指導〕

　ライセンサーがライセンシーの工場へ技術者を派遣し技術を伝達することが一般的に行われる。技術指導に関する条項は、非常に簡単なものから詳細なものまで千差万別である。契約の明確性の観点からは詳細な規定が望ましいことはいうまでもない。

　技術者の派遣時期については、計画がはっきりしていればそれを記載するが、しばしば計画変更がありうるので弾力性のある規定にならざるを得ない。

　派遣技術者の資格・資質等については、ライセンサー側で任意に選択できる余地が大きくなっている規定が望ましい。

　派遣期間については、1度に何人派遣するか、1年に何度派遣するか、1年に何日間派遣するか、契約期間中の派遣延べ日数は何日間とするかなどを定める。これらは必ずしも正確な数字でなくともよいが、基準となるものを契約上取り決めておくことが望ましい。

　派遣にはかなりの費用が伴う。この費用は、ライセンシーからライセンサーに支払われるロイヤルティに含まれているとしてライセンシーが一切支払わない場合、ロイヤルティと完全に切り離してライセンシーが別途に支払う場合（例文の場合）、および前二者の折衷的な場合がある。技術者のための報酬（ないし日当）を支払うことは一般的である。日当が高い場合は、生活費などはライセンサー負担とすることもあり、日当と費用は大いに関係がある。日当は技術者のランクによって差を設けることもある。日当には所得税が課せられるのでその負担も定めねばならない。

　技術者の待遇を忘れがちであるが、各国で労働制度、生活様式等が異なるので、ケース・バイ・ケースで適切な規定を設けるべきであろう。

■ Technical Training／技術訓練

Article 5 Technical Training	**第5条 〔技術訓練〕**
At Licensee's request, Licensor shall provide Licensee's trainees ("Trainees") with training at Licensor's plant pursuant to the following terms and conditions: (1)　Training Program 　　When Licensee desires to	ライセンシーが要求したときは、ライセンサーは、以下の条件に従い、ライセンサーの施設において、ライセンシーの研修生（以下「研修生」という。）を訓練するものとする。 （1）　研修計画 　　ライセンシーが日本国に研修生を派

dispatch Trainees to Japan, Licensee shall inform Licensor of the details of its proposed training program at least _____ (_____) months prior to the departure for Licensor's approval, and Licensor shall conduct training on the basis of the agreed-upon program.

(2) Number of Trainees

　(a) The number of Trainees which Licensor will accept per dispatch shall not exceed _____ (_____).

　(b) The total number of training days shall not exceed _____ (_____) days.

(3) Expenses and Conditions

　(a) Expenses

　　(i) Licensee shall bear all the expenses for the dispatch of Trainees, including, without limitation, all international and domestic transportation expenses, boarding expense, and daily allowances.

　　(ii) Licensor shall bear all expenses necessary for the actual training of Trainees at Licensor's plant.

　(b) Conditions

　　(i) Trainees shall observe the laws of Japan and all regulations of Licensor

遣することを希望する場合、ライセンシーは、ライセンサーの許可を得るために、出発の少なくとも_____ケ月前までに研修計画の詳細をライセンサーに通知するものとし、ライセンサーは、合意された研修計画に基づき研修を行うものとする。

(2) 研修生の人数

　(a) ライセンサーが一回に受け入れる研修生の人数は、_____人を超えないものとする。

　(b) 研修日数の合計は、_____日を超えないものとする。

(3) 費用および条件

　(a) 費用

　　(i) ライセンシーは、国際間および国内間の交通費、宿泊費、日当を含む、研修生の派遣のためのすべての費用を負担するものとする。

　　(ii) ライセンサーは、ライセンサーの施設における研修生の実際の研修に必要となるすべての費用を負担するものとする。

　(b) 条件

　　(i) 研修生は、研修期間中、日本国の法律およびライセンサーのすべての規則を遵守するものとする。

　　(ii) 研修生の研修日数は１週間につき５日とし、１日８時間とする。

　　(iii) ライセンシーは、研修生の日本への派遣期間中、研修生の生命保険、社会保険および健康保険を自己の費用で維持す

during the training period. (ii) The training days shall be five (5) days per week, and eight (8) hours per day. (iii) Licensee shall keep life insurance, social insurance and medical insurance for Trainees at its costs during Trainees' dispatch to Japan. (iv) Licensor shall assist Licensee in locating living accommodations for Trainees.	るものとする。 (iv) ライセンサーは、研修生の滞在場所の選定につきライセンシーに協力するものとする。

解説

第5条 〔技術訓練〕

　ライセンシーの従業員が技術の修得のためにライセンサーの施設で訓練（研修）を受ける必要がある場合の規定である。技術訓練に関する条項もまた、非常に簡単なものから詳細なものまで千差万別である。

　研修計画については双方の協議で決定することになろうが、例文においてはその原案を一応ライセンシーに作成させ、提出させることにした。

　研修員の人数については、一度に派遣する人数および契約期間中に派遣する延べ日数を原則的に定めることが肝要である。

　研修員の派遣に必要な費用のうち、交通費、生活費等の主な費用はライセンシーによって負担されるのが一般的である。しかし、研修に直接要する費用、例えば工場設備および機械等の使用に関わる費用等は、ライセンサーによって負担されることが多い。研修に伴って使用される原材料（教材）でもその額が大きい場合には、負担者を明示しておく必要がある。

　研修員の待遇については、ライセンサーの施設における研修中の規律、研修期間、宿泊設備の利用等について規定しておくのがよい。良好な研修のための環境を保つために、ライセンサーとして協力できることがあれば、それも定めておくのがよい。

■　**Procurement of Materials and Parts／原料および部品の調達**

Article 6　Procurement of Materials and Parts	**第6条　〔原料および部品の調達〕**
(1)　In order to ensure the quality of	(1)　ライセンシーにより製造し販売される許諾製品の品質を保証するため

Products manufactured and sold by Licensee, Licensee shall only use such materials and parts that meet Licensor's qualitative specifications. Licensee shall procure from Licensor, or from sources that may be authorized by Licensor in writing, all materials and parts that are specifically designated by Licensor. Such authorization shall not release Licensee from any obligations hereunder.

(2) Upon request of Licensor, Licensee shall allow Licensor to test and analyze the materials and parts procured from third parties, other than from Licensor, in such manner as may be requested by Licensor from time to time. Licensor may withdraw said authorization if Licensor, in its reasonable judgment, determines that the said materials and parts no longer meet its qualitative specifications.

に、ライセンシーは、ライセンサーの品質基準に合致した原料および部品のみを使用するものとする。ライセンシーは、ライセンサーにより特に指定された原料および部品については、ライセンサーまたはライセンサーにより書面で許諾された調達先から、調達するものとする。かかる許諾は、本契約に基づくいかなる義務からもライセンシーを免責するものではない。

(2) ライセンサーが要求したときは、ライセンシーは、ライセンサー以外の第三者から調達した原料およびパーツを、ライセンサーが随時要求した方法により、ライセンサーが調査および分析することを許可するものとする。ライセンサーは、かかる原料およびパーツがライセンサーの品質基準に合致していないと合理的に判断した場合は、かかる許諾を撤回できる。

解説

第6条 〔原料および部品の調達〕

　許諾製品の品質を維持するためには、許諾製品に使用される原料および部品が適切なものであることが必要となる。原料および部品の調達は、本来ライセンシーの任意で行われるべきものであるが、許諾製品の品質に大きな影響を与える場合は、品質維持をはかるためライセンシーに一定の調達先からの調達を義務付けることがある。ただし、かかるコントロールは、ややもするとライセンシーに対する過度な拘束になり、各国の独禁法に抵触したり、行政指導でチェックされることがあるので、事前に法令を調査しておく必要がある。

Article 7　Royalties and Payments

(1)　In consideration of the licenses granted to Licensee hereunder, Licensee shall pay to Licensor the following royalties:

　(a)　Initial royalty of _____ (_____) within _____ (_____) days after the Effective Date, and

　(b)　Running royalty of _____ percent (_____ %) of the Net Sales Price of Products sold by Licensee hereunder.

(2)　The running royalty in this Article shall be computed quarterly as of the last day of March, June, September, and December of each year during the term of this Agreement, and Licensee shall pay to Licensor the total amount of the running royalty thus computed within fifteen (15) days after the end of the relevant quarter.

(3)　Any taxes of whatever nature imposed or levied by the _____ Government on the royalty to be paid under this Article shall be borne by Licensor, and Licensee shall withhold and pay such tax on behalf of Licensor; provided, however, that Licensee shall provide Licensor with formal certificates showing such tax payment so as

第 7 条　〔ロイヤルティおよび支払い〕

(1)　本契約に基づきライセンシーに許諾される実施権の対価として、ライセンシーはライセンサーに対し、以下のロイヤルティを支払うものとする。

　(a)　契約発効日後_____日以内にイニシャルロイヤルティ_____、および

　(b)　本契約に基づきライセンシーにより販売された許諾製品の純販売価格の_____パーセントのランニングロイヤルティ。

(2)　本条に定めるランニングロイヤルティは、本契約期間中毎年 3 月、6 月、9 月、および 12 月の末日に四半期毎に算定され、ライセンシーはライセンサーに対し、このように算定されたランニングロイヤルティの総額を、各四半期の末日後 15 日以内に支払うものとする。

(3)　本条に基づき支払われるロイヤルティに対し_____国政府により課されまたは徴収されるいかなる種類の租税も、ライセンサーが負担するものとする。ライセンシーは、かかる租税を源泉徴収の上、ライセンサーに代わり支払うものとする。ただし、ライセンシーはライセンサーに対し、_____国と日本国との間の租税条約に従いライセンサーが二重課税防止の利益を受けられるように、かかる租税の支払いを示す公的な証明書を提供するものとする。

(4)　本条に基づく全ての支払いは、各四

to enable Licensor to enjoy the benefit of avoidance of double taxation pursuant to the Tax Treaty between _____ and Japan.

(4)　All payments set forth in this Article shall be made in Japanese Yen converted from _____ at the exchange rate prevailing at the Tokyo Foreign Exchange market on the following business day of the last day of each quarter period. All payments made hereunder shall not be refundable for any reason or event whatsoever.

半期の末日の翌日の東京外国為替市場の平均的な為替相場で_____国通貨から換算された日本円で行われるものとする。本契約に基づくすべての支払いは、理由および事由を問わず、返金されないものとする。

解説

第7条　〔ロイヤルティおよび支払い〕

（1）ロイヤルティ

　許諾された実施権の対価として、ロイヤルティがライセンシーから支払われる。ロイヤルティの定め方には、①契約期間中に支払うべきすべてを固定し、ライセンシーが一括または分割で契約期間中にライセンサーに支払う定額方式、②ライセンシーによる許諾製品の生産数量に応じて支払いを定める等、支払いが状況に応じて変化する不定額方式、および③その両方式を組み合わせた方式がある。一般には、対立する当事者の利害関係をきめ細かく調整することが可能となることから、組み合わせ方式が採用されることが多いといわれている。

　例文においては、組み合わせ方式を採用している。特に対象技術がノウハウである場合、ライセンサーが一度ノウハウを開示してしまえば、それを取り戻すことは事実上不可能であり、第三者への機密情報の漏洩の危険性、ライセンシー側の事情で契約が早期終了した後のライセンシーによる継続使用を禁止することの困難性から考えて、ライセンサーとしては例文のようにイニシャルロイヤルティの前取りで現実的な保証を求めることになろう。

　ランニングロイヤルティの計算においては、純販売価格が基準となることが多い。純販売価格を基準とする場合には、その定義を定めておく必要があるが、その定義方法は千差万別である。また、原料や部品をライセンサーがライセンシーに供給する場合は、基準価格から原料や部品の購入費を差し引いたものにロイヤルティを課すことが一般的に行われている。ロイヤルティは、販売により実現すると定めるのが通常である。

"Net Sales Price" shall mean ex-factory price, less packing, freight, installation and insurance charges, CIF price of the materials and parts procured from Licensor, consumption tax, value added tax, customs charges and customs duties directly applicable to Products, if any.

（2）ロイヤルティの支払方法

　イニシャルロイヤルティは、契約発効後一定期間内に支払われるのが一般的である。

　ランニングロイヤルティは、3ケ月、4ケ月、6ケ月または12ケ月の期間中に発生したものを集計し、計算期間終了後例えば15日以内に支払うとするのが通常である。

　ロイヤルティの支払いに関して生ずる税金の取扱いについて規定する必要がある。ロイヤルティはライセンサーの所得であるから、税金は本来ライセンサーの負担である。契約上では規定したロイヤルティ額が税込みのものであるか、税額控除後のライセンサーの手取額であるかを明記する。技術輸出においては、ロイヤルティ収入は導入国において発生したものとして取り扱われ、これについての課税はライセンサーに対してなされることがある。その場合、ライセンサーは非居住者であるから、居住者であるライセンシーが、ライセンサーに支払うロイヤルティの中から税金をライセンサーに代わって支払い、その余りを実際にライセンサーに送金することになる可能性が高い。例文においてはライセンサーが負担すべき税金の支払いを、ライセンシーがロイヤルティから控除し、ライセンサーに代わって支払うものとした。ただし、ライセンサーが二重課税防止条約の利益を受けられるために、ライセンシーが課税支払い証明書を提出することとした。契約当事者は、ライセンサーの国と、我が国の間の二重課税防止条約の内容などをも勘案してロイヤルティ支払条項を定めなければならない。

　支払いに用いられる通貨は、円建てでもよい（例文）が、一般には米ドル・ユーロ・英ポンド建て等で定められることが多い。許諾製品の売上が現地通貨で計算されるならば、支払通貨に換算されて支払いが行われる。換算率は、支払期日における外為取扱銀行で支配的な率等とするのが一般的である。

■　Accounting, Report and Inspection ／記帳、報告および帳簿監査

Article 8　Accounting, Report and Inspection	第8条〔記帳、報告および帳簿監査〕
(1)　Within ten (10) days after the end of March, June, September, and December of each year during the term of this Agreement, Licensee	(1)　本契約期間中毎年3月、6月、9月および12月の末日後10日以内に、ライセンシーはライセンサーに対し、直近の四半期にライセンシーにより製造または販売された許諾製品の数量および純販売価格を明記した

shall furnish Licensor with a written statement specifying the number and Net Sales Price of Products manufactured or sold, respectively, by Licensee during the immediately preceding quarter.

(2) Licensee shall separately keep true and accurate books and records containing all data reasonably required for the full computation and verification of the amounts payable hereunder.

(3) Upon request of Licensor, Licensee shall permit Licensor's representative, whether or not such representative is an independent qualified public accountant, to adequately audit the Licensee's books and records and to make copies thereof at Licensee's premises during regular business hours for the purpose of determining the amounts payable by Licensee hereunder. Costs and Expenses of such an audit shall be born by Licensee if a discrepancy of three (3) percent or more is found between the amount due and that reported by Licensee.

報告書を提供するものとする。

(2) ライセンシーは、本契約に基づき支払われる金額の完全な計算および確認のために合理的に要求されるすべてのデータを含む、真実かつ正確な会計帳簿および記録を分離して保管するものとする。

(3) ライセンサーが要求したときは、ライセンシーは、ライセンサーの代理人（公認会計士の資格を有すると否とにかかわらない）が、本契約に基づいてライセンシーより支払われる金額を決する目的のために、ライセンシーの社内において、通常の営業時間内に、会計帳簿および記録を適切に監査し、謄写をすることを許可するものとする。支払うべき金額とライセンシーが報告した金額との間に３パーセント以上の誤差が発見された場合は、かかる監査の費用はライセンシーが負担するものとする。

解説

第８条 〔記帳、報告および帳簿監査〕

　ランニングロイヤルティの支払いについては、その計算根拠を明確にしておかなければならない。支払いと同時に、その計算書をライセンサーに提供するのが一般的である。

ランニングロイヤルティの計算は正確であることを要する。単にライセンシーからの報告書だけでは計算の真偽を判断することが難しい。そこで、ライセンシーが他の会計帳簿類と区別して、ランニングロイヤルティのための会計帳簿を作成して保管するよう規定する。

さらに、ライセンサーがその帳簿を、自身でまたは代理人を通じて閲覧し、検査する権利を有することを明示しておく。

■ **Sales Promotion and Minimum Royalties ／販売促進およびミニマムロイヤルティ**

Article 9　Sales Promotion and Minimum Royalties	第9条　〔販売促進および ミニマムロイヤルティ〕
(1) Licensee shall use its best efforts to promote the sale of Products, promptly respond to all inquires received, maintain contact with customers, establish contact with potential customers, arrange for advertising and maintain its employment of technical personnel with appropriate skills.	(1) ライセンシーは、許諾製品の販売の促進、すべての引き合いに対する迅速な対応、顧客との関係維持、潜在的顧客との関係の樹立、広告の手配、適切な技能を有する技術職員の雇用の維持に最善の努力を尽くすものとする。
(2) Licensee hereby guarantees that the minimum amount of the running royalty (set forth in Article 7 (1)(b)) for each contract year shall be as follows: The first contract year: ＿＿＿＿ The second contract year: ＿＿＿ ‥‥‥‥‥‥‥‥‥‥‥‥‥ : ＿＿＿ The first contract year shall begin on the Effective Date and end on the last day of the following March (or June, September or December). Each of the subsequent contract years, except for the last contract year, shall be for a period of one calendar year beginning with the first day of April (or July, October,	(2) ライセンシーは、第7条1項（b）に規定されるランニングロイヤルティの最低額は、各契約年度において以下のとおりであることを保証する。 契約初年度：＿＿＿＿ 2年度　　：＿＿＿＿ ‥‥‥‥‥‥‥‥‥：＿＿＿＿ 契約初年度は、契約発効日をもって開始し、最初に到来する3月（または6月、9月もしくは12月）の末日をもって終了する。それ以後の各契約年度は、最終契約年度を除き、4月（または7月、10月もしくは1月）の初日をもって開始する1年とする。最終契約年度が1年より短い場合、上記のミニマムロイヤルティの金額は、かかる期間の長さに比例して修正されるものとする。
	(3) 1契約年度のランニングロイヤル

or January). If the last contract year is shorter than one year, the amount of the minimum royalty provided for above shall be modified and prorated in accordance with the length of said period.

(3) If the amount of the running royalty for a contract year fails to reach the minimum royalty amount set forth in Paragraph (2), Licensee shall pay the difference between the amount computed in accordance with Article 7 (1)(b) and the minimum royalty amount set forth in Paragraph (2) above.

ティの金額が2項に規定されるミニマムロイヤルティの額に達しない場合、ライセンシーは、第7条1項（b）に従い算定された金額と、2項に規定されるミニマムロイヤルティの額の差額を支払うものとする。

解説

第9条　〔販売促進およびミニマムロイヤルティ〕

　独占的実施権を許諾されている以上、ライセンシーとしては、許諾製品の販売促進に努力すべきは当然と言える。ただし、競合品の取扱いをしながら「ベストエフォート」を尽くすということは、ときには困難またはあやふやになることも少なくない。そこで、ベストエフォートのための具体的な努力を、義務として引き受ける条項を追加した（引合に対する迅速な対応、顧客との関係維持、潜在的顧客との関係樹立、広告の手配、技術職員の雇用維持等）。

　また、独占的実施権を許諾している場合、契約期間中の独占的許諾地域からのロイヤルティ収入はライセンシーからの支払いだけとなるので、ライセンシーによる許諾製品の販売活動が低調である場合、ランニングロイヤルティの一定期間の合計額が予想以上に低額となる可能性がある。そこで、独占的実施権を許諾したことによる見返りとして、ライセンシーにミニマムロイヤルティの保証を求め、安定収入の確保をはかることになる。例文では記載していないが、ミニマムロイヤルティを達成できなかった場合に、契約解除、独占的実施権から非独占的実施権への変更、許諾地域の縮小等の効果を付する場合もある。

　さらに、独占的許諾地域においてはライセンシーによる競合品の製造・販売を制限することにより、許諾製品の製造・販売に専念させることも考えられる。しかし、各国の独占禁止法上違法とされる可能性があるので、かかる競合品の取扱いに関する制限が可能かどうかについて、事前に現地法の調査をする必要がある。

Article 10　Improvements

(1)　Improvements by Licensor

　(a)　Licensor may inform Licensee of Improvements made by Licensor during the term of this Agreement at its sole discretion, and disclose to Licensee, at the written request of Licensee, such Improvements. Licensee shall have the non-exclusive right to manufacture, use and sell Products under said Improvements in Territory.

　(b)　If Licensor acquires patents for such improvements, Licensee shall have the non-exclusive right to use such patents subject to the terms and conditions set forth herein.

(2)　Improvements by Licensee

　(a)　Licensee shall disclose promptly to Licensor all Improvements made by Licensee during the term of this Agreement. Licensee further agrees that it shall grant to Licensor a perpetual, worldwide, royalty-free and non-exclusive license to manufacture, use and sell Products under such Improvements with the right to sublicense.

　(b)　If Licensee wishes to file an application for patent (here and hereafter inclusive of utility model registration) for such

第 10 条　〔改良技術〕

(1)　ライセンサーによる改良

　(a)　ライセンサーはライセンシーに対し、自己の裁量で、本契約期間中にライセンサーにより開発された改良技術を通知し、更に、ライセンシーの書面による要請があるときは、当該改良技術をライセンシーに開示する。ライセンシーは、許諾地域において、かかる改良技術に基づき許諾製品を製造、販売する非独占的権利を有するものとする。

　(b)　ライセンサーが当該改良技術につき特許を取得した場合、ライセンシーは、本契約に規定される条件に従い、当該特許を使用する非独占的権利を有するものとする。

(2)　ライセンシーによる改良技術

　(a)　ライセンシーは、本契約期間中にライセンシーにより開発されたすべての改良技術を、直ちにライセンサーに開示するものとする。ライセンシーは、更に、当該改良技術に基づき許諾製品を製造、使用および販売する永続的、全世界的、無償かつ非独占的な実施権を、サブライセンスをする権利と共に、ライセンサーに許諾することに同意する。

　(b)　ライセンシーが、いずれかの国において当該改良技術の特許出願（本条および以下、実用新案登録を含む。）を申請することを希望する場合、ライセンシーはライセンサーに対し、かかる出願前に出願内容の合理的な詳細を開示するものとする。

Improvements in any country,
Licensee shall disclose to
Licensor reasonable details of
such application prior to such an
application.

解説

第10条 〔改良技術〕

（1）対象技術について将来改良がなされることは少なくなく、その中には特許または実用新案の対象となる発明・考案が出現することもある。技術改良は、ライセンサーまたはライセンシーのいずれによってもなされることがあるので、ライセンサーにより改良がなされた場合とライセンシーにより改良がなされた場合とに分けて、それぞれにつきその取扱いを規定するのが分かり易い。例文においても、ライセンサーにより改良がなされた場合と、ライセンシーによる改良の場合を分けることとした。

　実際上の解釈の問題として重要なことの一つは、改良技術と新規技術との区分の問題である。特許発明がライセンス契約の対象となる場合は、その発明を一応基本発明と考え、これと利用関係（特許法第72条参照）にあるものを改良発明と解するのが相当であると考えられる。ノウハウ・ライセンスの場合は、多数のノウハウが許諾対象となるのが一般的である。その一つ一つに前記の利用関係を基準とした考え方を適用するのが、「改良」の範囲を決定するうえで一つの目安となろう。

（2）ライセンサーによる改良技術について

　特許・ノウハウ等のライセンス契約においては、契約締結時点における技術が対象となり、このことをベースとして契約内容が定められるのが原則である。しかし、ライセンシーより契約期間中にライセンサーによって開発された新技術をも追加支払いなく提供するよう求められることが多い。この点は具体的な事案に応じ対象技術の特質をよく考慮して決定すべきである。

　特に改良技術の開発に莫大な費用を要する場合、改良技術といえども画期的な新価値が生ずる場合などを予測して検討する必要がある。このような場合において、追加技術料をライセンシーに請求しうるよう定めることもあるが、一般的な改良技術について、追加技術料を求めることはあまりない。例文においては、ライセンサーの立場から、改良技術を開示する範囲を自己の裁量で決定できるとした。

　なお、ライセンサーによる契約期間中の改良技術は、当然に対象技術に含まれるべきであるというのが、多くの開発途上国における考え方であり、そのような国の政府による強い行政指導も行われている。

（3）ライセンシーによる改良技術について

　ライセンシーによる改良技術も予測して、それの取扱いについて規定する必要がある。基本技術がライセンサーのものであるからといって、ライセンシーの改良技術をライセンサーに帰属せ

しめるとか譲渡を義務付けるのは、各国の独禁法または行政指導で禁止されており、それ故、ライセンサーがライセンシーの改良技術について実施権を得る程度の規定が一般的である。この場合、ライセンサーが実施権を得る条件、すなわち独占的権利か非独占的権利のいずれか、有償か無償か、再実施権も含まれているか、実施許諾地域、実施許諾期間等について規定する。これらの条件は、ライセンサーの改良技術についてライセンシーが取得する実施権の条件と均衡が実質的に保たれていること等を各国の独禁法上で要請される。

　ライセンシーの改良技術が特許または実用新案として出願される場合は、ライセンサーの技術がそれに組み入れられないよう注意しなければならない。そのためには、出願前に、ライセンシーが当該出願予定の改良技術の内容をライセンサーに開示するよう明確に規定しておく必要がある。また、出願国についても、事前にライセンサーに通知させ、必要とあらば、ライセンサーの希望する国へ出願させ、その実施権をライセンサーが得るようにしておくことも検討すべきであろう。

■ Treatment of Confidential Information ／秘密情報の取扱い

Article 11 Treatment of Confidential Information	第11条 〔秘密情報の取扱い〕
(1) During the term of this Agreement, Licensee shall use any information disclosed by Licensor under this Agreement only for the purpose of manufacturing, selling and using Products. During the term of this Agreement and after the termination or expiration hereof, Licensee shall not disclose any such information to any third party without the prior written consent of Licensor.	(1) 本契約期間中、ライセンシーは、本契約に基づきライセンサーから開示されたいかなる情報も、許諾製品の製造、販売および使用の目的のためにのみ使用するものとする。本契約期間中および本契約の終了または期間満了後も、ライセンシーは、かかる情報を、ライセンサーの書面による事前同意なしには、他の第三者に開示しないものとする。
(2) The Licensee may disseminate, in whole or in part, the information mentioned above to a limited number of its officers and employees on a need-to-know basis only. The obligations of Licensee under this Article	(2) ライセンシーは、その情報の全部または一部を、「知る必要がある」限りにおいてのみ、限られた人数のライセンシーの役員および従業員に伝達することができる。本条に定めるライセンシーの義務は、かかる情報を受領した役員および従業員に及ぶものとする。ライセンシーは、本条に定める義務の厳格な履行を確保するため、すべての必要な予防措置を講ずるものとする。

shall extend to the officers and employees of Licensee who received such information. For this purpose, Licensee shall take all necessary precautions to ensure strict compliance with the obligations under this Article.

(3) The obligations under this Article shall not apply if such information is proved by Licensee to come under any of the following:

(a) Information which was in the possession of Licensee prior to its receipt;

(b) Information which is or becomes public knowledge through no fault of Licensee;

(c) Information which becomes available to Licensee on an unrestricted basis from a third party; or

(d) Information disclosed to a third party with the prior written consent of Licensor.

(3) 本条に定める義務は、その情報が以下のいずれかに該当することが、ライセンシーにより証明された場合には、適用されないものとする。

(a) 受領以前にライセンシーが保有していた情報

(b) ライセンシーの過失によらず、公知の事実となり、またはなった情報

(c) ライセンシーが何らの制約なしに第三者から入手した情報

(d) ライセンサーの書面による事前同意により第三者に開示された情報

解説

第11条 〔秘密情報の取扱い〕

　ノウハウ・ライセンスにおいては、対象技術の使用目的につき制限し、また秘密保持義務を課すのが通常である。

　対象技術は、特定の許諾製品の製造販売のためにのみ使用すべきであり、例えば、その技術が、許諾製品以外の製品の製造に利用できるとしても、そのような他目的への利用を制限するという理解で、ロイヤルティは定められている。対象技術が、他目的に利用できる性格を有する場合には、詳細な規定により制限または許諾をすることが必要である。

　ノウハウ・ライセンスにおいては、秘密保持に関する規定は最も重要な規定の一つである。対象技術の価値を高く維持するためには、ライセンサーにとって秘密保持が至上命令である。対象

技術の秘密保持期間は、契約期間中はもとより契約終了後○年間、公知になるまで、永久にまたは開示当事者が許可するまで等々種々の規定方法がある。契約終了後 2 ～ 10 年程度の制限が多く見うけられる。例文においては、ライセンサーの立場から永久した。

　秘密保持義務を負うのはライセンシーであるが、情報にアクセスするのは実際にはライセンシーの業務に従事する人であるので、関係者を具体的に列示して守秘義務を課すことをライセンシーに約束させ、場合によっては関係者から秘密保持の誓約書をとることをライセンシーに義務付け、誓約書の内容をも定めておくことがある。一方、ライセンシーからライセンサーに提供される情報にも秘密のものがあるので、これらについてライセンサーの秘密保持義務を規定することもある。

　機密情報は、時の経過等により守秘義務、他目的不使用義務の対象とするのに適さないことがある。例文においては、①受領以前に保有していた情報、②公知となった情報、③第三者から制約を受けずに受領した情報、④ライセンサーの事前同意を受けた情報については、本条の適用はないとする旨を確認的に定めた。なお、これらの事由の発生についての挙証責任は、ライセンシーにあることの確認的条項も設けた。

■　**Trademarks ／商標**

Article 12　Trademarks	第 12 条　〔商標〕
(1)　During the term of this Agreement, Licensor hereby grants to Licensee a non-exclusive, non-assignable and royalty-free license to use Licensor's trademarks listed in Schedule III attached hereto ("Trademarks") for the purpose of sales and promotion of Products only.	(1)　本契約期間中、ライセンサーはライセンシーに対し、添付別表Ⅲに記載されるライセンサーの商標（以下「許諾商標」という。）を許諾製品の販売および販売促進のみに使用する非独占的、譲渡不能かつ無報酬の実施権を許諾する。
(2)　Unless otherwise agreed to by Licensor in writing, Licensee shall use Trademarks strictly in the manner instructed by Licensor in advance with the words "manufactured by [Licensee] under license from [Licensor]." Licensee shall not modify the manner of use, nor	(2)　ライセンサーの書面による別段の合意がない限り、ライセンシーは、許諾商標を、「ライセンサーからの許諾に基づきライセンシーが製造した」との文字とともに、事前にライセンサーにより指示された方法で使用するものとする。ライセンシーは、使用方法を変更してはならず、また、許諾商標を、他の文字、名称、商標、マークおよび意匠とともに使用してはならない。許諾商標が不適切に使用され、または、劣った品質の許諾

combine any of Trademarks with any other letters, names, trademarks, marks or designs. If Trademarks are, in the judgment of Licensor, used improperly or used on Products of inferior quality, Licensee shall immediately discontinue such use of Trademarks upon Licensor's request.

(3) Licensee shall not apply for registration, or cause such registration to be made, in whole or in part, identical or similar to Trademarks with respect to any product or service in the Territory or elsewhere. Licensee shall not represent at any time that it has any right or title in and to Trademarks. Licensee agrees not to do or cause to be done any act which may in any way impair the right or title of Licensor in Trademarks.

製品に関し使用されたとライセンサーが判断した場合、ライセンサーの要求により、ライセンシーは直ちにかかる許諾商標の使用を停止しなければならない。

(3) ライセンシーは、許諾地域およびその他のいかなる地域においても、いかなる製品またはサービスに関しても、許諾商標と同一または類似のものにつき、一部であれ全部であれ、登録を申請してはならず、また、かかる申請をさせてはならないものとする。ライセンシーは、いかなる場合においても、ライセンシーが許諾商標に対して何らかの権利または権限を有すると表明しないものとする。ライセンシーは、ライセンサーの許諾商標に対して有する権利および権原を害するいかなる行為も行わず、また行わしめないものとする。

解説

第12条 〔商標〕

　ノウハウ・ライセンスにおいては、ライセンサーが許諾製品の製造を援助するために、ライセンシーに技術を伝授することが中心となる。一方製造された許諾製品の販売を支援することも行われその具体策が規定されることも多い。販売援助のためにはライセンサーが許諾製品の品質を保証するのが最も効果的であろうが、そこまでの保証はライセンサーにとって危険が大きすぎる。そこで、一定の条件のもとにライセンサーの有する商標をライセンシーが使用し、許諾製品をその商標で販売することが行われることがある。ライセンシーが商標を使用するに当たっては、ライセンサーの指示する方法で、許諾地域のみにおいて許諾製品の販売にのみ使用するよう限定しておくことが必要である。ライセンシーが商標を目的外で使用することは、ライセンサーに不測の損害を被らせるおそれがあるからである。

実施権を付与する商標は、ライセンサーにより許諾地域で登録されていることが望ましい。何らかの事情で登録出願をしていない場合、ライセンシーはその商標の登録出願を希望するであろうが、ライセンシーが独断で、またライセンシーの名で登録出願して、当該商標をライセンシーのコントロール下に置いてしまうことは好ましいことではない。よって、明確にライセンシーの登録出願を禁止しておくのが良策である。

■ Infringement／侵害

Article 13　Infringement	第13条　〔侵害〕
Licensor does not warrant that Licensee's use of the Licensed Patents or Technical Information shall not infringe on any third party's proprietary interests. In the event that a legal action for alleging infringement of a third party's proprietary interest is taken by any third party against Licensee with respect to Products, Licensee shall defend itself at its costs and expenses; provided, however, that Licensor shall assist Licensee in the defense of such action and also upon request furnish any information or evidence which is available and material for the proper defense of Licensee. Licensee further agrees to indemnify and hold harmless Licensor from any and all claims and liabilities for damages, losses or costs arising out of any infringement of third party's proprietary interests.	ライセンサーは、ライセンシーによる許諾特許または技術情報の使用が第三者の財産的利益を侵害しないことを保証しない。 許諾製品に関し第三者からライセンシーに対し第三者の知的財産権を侵害しているとの主張の訴訟が提起された場合、ライセンシーは自己の費用で自らを防御しなければならないものとする。ただし、ライセンサーは、かかる訴訟における防御においてライセンシーを援助し、さらに、要求があるときは、適切な防御をするために重要かつ入手可能な情報または証拠をライセンシーに提供するものとする。ライセンシーはライセンサーを第三者の知的財産権の侵害から生じるすべての請求、損害賠償責任、損失および費用を補償し、免責することに合意する。

[解説]

第13条　〔侵害〕

（1）特許ライセンスにおいては、実施許諾の対象となる特許に関し、以下の点につき取り決めるのが通常である。

①許諾される特許出願の追行および成立した特許の維持。

②第三者が許諾特許の侵害をした場合の措置。

③許諾特許が第三者の工業所有権の侵害となる場合の措置。

　ノウハウ・ライセンスの場合は、上記①、②は問題とはならない。ただし、契約期間中にライセンサーが改良発明について特許出願等をした場合に、①、②に関連する問題が発生することはありうる。これに対し、③の問題は、ノウハウ・ライセンスの場合にも起こりうる。

　（2）例文は、特許・ノウハウの組み合わせのライセンスを想定しているため、前記①、②、③いずれの点についても取り決める必要がある。そして、例文においては、前記①、②、③いずれの場合にも、ライセンサーが責任を負わない最もライセンサーに有利と思われる規定を設けた。③の問題につき、例文第13条において、第三者の知的財産権を侵害していないことについては保証しないことを明記し、第三者よりライセンシーに対して訴訟等が提起された場合においても、ライセンシーが自らの費用で自己を防衛することを規定している。さらに、例文第14条において、本契約において実施許諾した権利について何らの保証もしないことを明示し、①および②の問題についても、ライセンサーが責任を負担しないこととしている。かかる規定はライセンサーに一方的に有利であるとも考えられるが、許諾地域の実情が不明確な場合には、保証をなすことにより不測の損害を被るおそれがあるので、知的財産権侵害に関する責任を負担しないことを明確にすることが、必要となる場合がある。

　ただし、例文では、③の問題においては、ライセンサーがライセンシーのアシストをすることとした。

■　Limitation of Warranty／保証の制限

Article 14　Limitation of Warranty	第14条　〔保証の制限〕
Licensor does not undertake, and Licensee hereby expressly waives, any representations or warrantees whatsoever for the rights and licenses granted hereunder either express or implied, in fact or in law, including, without limitation, any implied warranties of merchantability or fitness for a particular purpose. Further, Licensee shall indemnify and hold Licensor harmless from any liability, damages, or claims by any third party for any reasons including, without	ライセンサーは本契約に基づき許諾される権利および実施権に関し、明示または黙示を問わず、事実上または法律上を問わず、取引適合性または特定目的適合性に対する保証を含む、いかなる表明または保証も行わず、ライセンシーはこれらを明示的に放棄する。さらに、ライセンシーはライセンサーに対し、請求内容にかかわらず、ライセンシーが製造した許諾製品の使用により生じた死亡、傷害または財産上の損害を含む、あらゆる理由に基づく第三者からの責任、損害および請求についてライセンサーを補償し、免責するものとする。

limitation, death or personal injury or
property damage caused by the use of
Products manufactured by Licensee,
and regardless of merit.

【解説】

第14条 〔保証の制限〕

　ライセンサーは、ライセンシーより、許諾技術または許諾製品に関し様々な保証をすることを求められるのが通常である。例えば、①実施許諾の権限を保有するという点や、②開示許諾の対象となる技術情報がアップツーデイトのものであり、適切に使用されるならば、これにより許諾製品の製造が可能である点に関する保証を求められる。

　いかなる範囲の保証を行うべきかは、その具体的事案に応じて決定すべきであるが、例文においては、ライセンサーに有利な規定として、一切の保証を行わないものとした。この場合、黙示の保証責任は負わず、ライセンシーはかかる責任を追及する権利をも放棄する旨を定めておく必要がある（責任を明確に否定しておかないと、その分につき、責任を引き受けることを約していると主張されるおそれがある）。さらに、ライセンシーは、第三者の権利主張よりライセンサーを防御し、ライセンサーに損害を与えない旨の規定を設ける。

【ライセンサーが保証をする場合の例】

(1)　Licensor hereby warrants that it has authorization to grant Licensee rights and licenses set forth in this Agreement.

(2)　Licensor warrants that Technical Information disclosed by Licensor hereunder shall be the up-to-date information used by Licensor to manufacture Products and shall be appropriate information to enable manufacturing by Licensee, if such information is properly utilized by Licensee.

(3)　In no event shall Licensor be liable to any party for any special, incidental or consequential damages in connection with the representations and warranties set forth in paragraph (1) and (2) above, even if Licensor has been aware of the possibility of such damage.

(4)　Except as expressly set forth in this Agreement, Licensor does not undertake any representations or warranties whatsoever for the rights or licenses granted hereunder and Licensee hereby waives any express or implied representations and warranties. Further Licensee shall indemnify and hold Licensor harmless from any damages claimed by any third party.

■ **Assignment, Sublicensing and Subcontracting ／譲渡、サブライセンスおよび下請け**

Article 15　Assignment, Sublicensing and Subcontracting

(1)　Licensee shall not assign or sublicense this Agreement or any rights or obligations hereunder to any third party without the prior written consent of Licensor. Any assignment or sublicensing without such consent shall be null and void.

(2)　Licensee shall not subcontract the manufacture of Products or any substantial parts thereof to any third party without the prior written consent of Licensor.

第15条　〔譲渡、サブライセンスおよび下請け〕

(1)　ライセンシーは、ライセンサーの書面による事前同意なくして、本契約または本契約に基づくいかなる権利もしくは義務を第三者に譲渡またはサブライセンスしてはならないものとする。かかる同意なき譲渡またはサブライセンスは無効とする。

(2)　ライセンシーは、ライセンサーの書面による事前同意なくして、許諾製品またはその主要な部品の製造を第三者に下請けさせてはならないものとする。

解説

第15条　〔譲渡、サブライセンスおよび下請け〕

　ライセンス契約は、当事者間の特別の信頼関係を前提として締結される契約の一つである。第三者に契約関係の一部または全部を譲渡してしまうことは、契約締結の趣旨に反することとなる。無断のサブライセンスも、同様である。そこで、例文1項では、ライセンシーによる契約関係の譲渡およびサブライセンスを禁止する旨を明確にした。

　許諾製品の生産にあたって、ライセンシーは許諾製品の部品を下請けにより製造する必要がある場合がある。この場合においては、必要な範囲においてノウハウの開示が必要となることがあるので、ライセンサーの承諾を得たうえで、下請けを行う旨を定める。

■ **Term and Termination ／期間および終了**

Article 16　Term and Termination

(1)　This Agreement shall come into effect on the date when all procedures required under both the laws of Japan and ＿＿＿＿＿ are completed for the lawful

第16条　〔期間および終了〕

(1)　本契約は、本契約の適法な発効に必要とされる日本国法および＿＿＿＿＿＿＿国法で要求されるすべての手続が完了した日をもって効力を生ずるものとする。両当事者は、か

execution of this Agreement. Each party shall diligently pursue completion of such procedures, and keep the other party informed of its progress.

(2) Unless terminated earlier by paragraphs (3) or (4) below, this Agreement shall continue in full force and effect for _____ (_____) years from the Effective Date. This Agreement may be extended by mutual agreement of the parties.

(3) If either party fails to comply with, or breaches, any of the provisions contained herein and such non-compliance, or breach, is not cured within thirty (30) days after notice thereof, the other party may terminate this Agreement.

(4) Either party may terminate this Agreement by giving written notice to the other party if one or more of the following events occurs to the other party:

(a) appointment of a trustee or receiver for all or any part of the assets of the other party;

(b) insolvency or bankruptcy of the other party;

(c) general assignment by the other party for the benefit of creditors;

(d) expropriation of the business or assets of the other party; or

かる手続を誠実に完了させるものとし、その進行につき、相手方に通知するものとする。

(2) 本条３項または４項により早期に終了しない限り、本契約は契約発効日より_____年間効力を有するものとする。本契約は両当事者の合意により延長することができる。

(3) 当事者の一方が本契約のいずれかの条項の履行を怠りまたは違反をし、通知後30日以内にかかる不履行または違反が是正されなかった場合、相手方は本契約を終了させることができる。

(4) 当事者の一方は、相手方に以下の一つまたはそれ以上の事由が発生した場合、相手方に通知することにより、本契約を終了させることができる。

(a) 相手方の資産のすべてまたは一部に対する破産管財人または財産管理人の任命

(b) 相手方の支払不能または破産

(c) 債権者の利益のためになされる相手方の資産の一般譲渡

(d) 相手方の事業または資産の強制買収

(e) 相手方の解散または清算
当事者の一方において、前記の（a）から（e）までに列記した事項が発生した場合、かかる当事者はかかる事実の発生を直ちに相手方に通知するものとする。

```
        (e)   dissolution or liquidation of the
              other party.
              If either party is involved in
              Items (a) through (e) above,
              such party shall notify the other
              party immediately upon the
              occurrence of such event.
```

解説

第16条 〔期間および終了〕

（1）発効日

　（a）現在我が国においては、技術輸出に関する規制がほとんどなく、我が国の政府の認可を契約の発効条件と規定する必要がない。ただし、一定の戦略技術等の提供については、外為法上の事前許可を要求されるので、事前に許可対象技術となっている調査を行う必要がある。

　（b）技術輸出契約は、相手方国にとっては技術導入に当たる。技術導入については、未だ種々の規制をしている国があり、政府の許認可が契約発効の要件または条件となっていることが少なくない。事前にこれらの点を調査して適切な規定を置くことが必要である。例文においては、参考までに日本および技術導入国政府の許認可が必要な契約であることを想定している。

（2）契約期間

　特許ライセンスとノウハウ・ライセンスでは、契約期間の考え方が異なる。前者の場合、ライセンサーにとって特許が存続する限り法律でライセンサーの地位が保護され、契約終了後は、ライセンシーが許諾製品と同じものを製造販売するおそれはない。よって、むしろライセンシー側が契約期間を長くするよう希望することが多い。後者の場合、ノウハウが各国で未だ法的に保護されているとはいえないので、契約終了後もライセンシーがライセンサーから得たノウハウを利用して許諾製品と同じものを製造販売し続けるおそれがある。ライセンシーとしては、ノウハウを修得する必要最短期間をもって契約期間として希望するのが合理的であり、この点ライセンサーと考えを異にする。それにもかかわらず、期間条項では、単に形成的な期間延長方法、終了時における債権債務の清算などについてのみ規定されることが多い。

（3）早期終了

　どのような契約においても、契約違反には軽微なものから重大なものまである。解除権を行使できるのは相手方に重大な違反があった場合であると解されるが、その判断は法律上なかなか困難である。そこで契約書では、契約の解除事由として具体的に違反の態様を特定して（例えば技術料の不払い、ノウハウの秘密の漏洩など）、判断基準を明確にしておくことが望ましい。例文においては、具体的な違反例を記載していないが、違反行為があれば直ちに解除するのではなく、相当日数の是正期間を与え、その期間の満了をもって契約を解除しうるように規定している。

　契約違反のような背信行為はなくても、契約を継続することに支障を来す一定の事由が相手方

に発生した場合には、早期終了できるとするのが一般的であり、例文においてもこれを採用した。一定の事由としては、破産、支払不能などを具体的に記載しておく必要がある。この種の解約においては、相手方に催告する意味がないことから、前述した一定日数の是正期間は不要とするのが、通常である。

■ Effect of Termination or Expiration ／終了または満了の効果

Article 17　Effect of Termination or Expiration	第17条　〔終了または満了の効果〕
(1)　If this Agreement is terminated, either by expiration or early termination, Licensee shall immediately discontinue manufacturing and selling Products, and using any Technical Information or Trademarks. Upon request of Licensor, Licensee shall immediately destroy or return all mediums containing Technical Information and confirm such in writing. If Licensee shows to Licensor that it holds Products or work-in progress Products in stock at the time of a termination not attributable to Licensee, Licensor, at its sole discretion, shall allow Licensee either to sell such Products or work-in progress Products to Licensor or to use the Licensed Patents and Trademarks only in connection with sale of such Products and completion and sale of such work-in progress	(1)　本契約が期間満了または早期終了のいずれかにより終了した場合、ライセンシーは、直ちに許諾製品の製造および販売並びに技術情報および許諾商標の使用を停止するものとする。ライセンサーが要求したときは、ライセンシーは直ちに技術情報を含む全ての媒介物を破壊または返還し、このことを書面で確認するものとする。ライセンシーの責めに帰すべき事由によらない本契約の終了のときに、ライセンシーがライセンサーに対し許諾製品または未完成の許諾製品を保有していることを示した場合、ライセンサーはライセンシーに対し、ライセンサーの自由裁量で、かかる許諾製品または未完成の許諾製品をライセンサーに販売するか、かかる許諾製品の販売または未完成の許諾製品の完成および販売に関してのみ許諾特許および許諾商標を使用することを許可するものとする。
	(2)　期間満了または早期終了のいずれかによる本契約の終了は、いかなる意味においても、かかる終了に先立って生じた両当事者のいかな

Products.	る権利または救済に対しても、影
(2) Termination of this Agreement, either by expiration or earlier termination, shall not, in any way, affect, impair or destroy any right or remedy of the parties which has accrued prior to such termination.	響を与え、損ないまたは無効にするものではない。

解説

第 17 条 〔終了または満了の効果〕

　ノウハウ・ライセンス契約において、契約終了後もライセンシーが技術情報を利用して対象製品の製造・販売を継続すると、ライセンサーの利益が害される。そこで、例文においては、許諾製品の製造・販売および技術情報等の使用を停止することを確認し、さらに、技術情報の破棄または返還を求めている。

　契約終了時のライセンシーにおける在庫または製造中の許諾製品に対する措置は、もっとも重要な事項の一つである。例文においては、ライセンサーの裁量で、在庫品等をライセンサーが購入するかまたは在庫品の販売の継続および仕掛品の完成・販売の継続を認めるかを選択できることにしている。

　ライセンス契約は継続的契約であるから、その終了後はライセンスはなくなるが、終了前に発生した具体的な権利義務が当然に消滅するわけではないので、契約終了に先立って発生した権利義務の取扱いを定める必要がある。例文 2 項は、契約の終了は契約終了に先立って発生した権利義務に影響を与えないとし、このことを明示した。具体的には、未払ロイヤルティの支払い、守秘義務等がある。

■　**Force Majeure ／不可抗力**

Article 18　Force Majeure	**第 18 条 〔不可抗力〕**
Neither party shall be liable to the other party for failure or delay in the performance of any of its obligations under this Agreement for the period and to the extent such failure or delay is caused by riots, civil commotions, wars, hostilities between nations, governmental laws, orders or	いずれの当事者も相手方に対し、本契約における義務の不履行または遅延が、暴動、内戦、戦争、国家間の敵対行為、政府の法律、命令または規則、通商の禁止、政府またはその機関による強制処置、天災、嵐、火災、事故、ストライキ、サボタージュ、爆発、その他自己の合理的な支配を超える類似のまたは異なる事由によって生じたものであ

regulations, embargoes, actions by the government or any agency thereof, acts of God, storms, fire, accidents, strikes, sabotage, explosions or other similar or different causes beyond the reasonable control of the respective parties.

る限り、その事由が継続する期間、かかる不履行および遅延につき責任を負わないものとする。

解説

第18条 〔不可抗力〕

　契約に定められている義務の履行が、当事者の故意、過失なく当事者の合理的に支配できない事由（不可抗力事由）により妨げられることがある。このような不可抗力事由による義務の不履行について、当事者の免責を規定した。どのような事由を不可抗力事由とするかについては、契約の性質および内容を考慮して決定されるべきであろうが、契約条項では具体的に例示しておくのが望ましい。実際に発生した事由が不可抗力事由にあたるかどうかの最終的判断は、当事者間に合意がなされない場合、裁判または仲裁で決定されることとなる

■　Notice／通知

Article 19　Notice

(1) All notices, demands and other communications to be given in respect of this Agreement shall be made by registered airmail, postage prepaid, or facsimile, or electronic mail and shall be addressed to the other party at the address first written above unless the recipient changes its address by notice in accordance with this Article.

(2) Notices, demands and communications mentioned above shall be deemed to have been received by the other party seven (7) days after

第19条 〔通知〕

(1) 本契約に関してなされるすべての通知、請求およびその他の通信は、送料前払いの書留航空便、ファクシミリまたは電子メールにより、受領者が本条に従った通知により住所を変更する場合を除き、冒頭記載の相手方の住所になされるものとする。

(2) 上記の通知、請求および通信は、書留航空郵便の場合は投函後7日後に、ファクシミリまたは電子メールの場合には受領および受領確認時に、それぞれ相手方に受領されたとみなされるものとする。

their dispatch when made by
registered airmail, and at the
time of receipt and confirmation
when made by facsimile or
electronic mail.

解説

第19条 〔通知〕

　相手方との間での連絡などの行き違いがないように、意思表示の伝達の方法およびその効果について規定したのがこの条項である。隔地者間の意思表示の効力発生については、発信主義を原則とするのが便利であるが、ファクシミリや電子メール等による意思表示の伝達の場合には、その効力は発信後の書面による確認を条件とするのが適切といえる。通知の発信者・受信者は、担当事業部長等としても、社長としても構わない。

■　Waiver ／権利放棄

Article 20　Waiver

　Any failure of either party to enforce, at any time or for any period of time, any of the provisions of this Agreement shall not be construed as a waiver of such provision or of any other provision hereof.

第20条 〔権利放棄〕

　当事者の一方が、何時いかなる期間においても、本契約のいずれかの規定を強制しなかったとしても、かかる規定または本契約のその他のいかなる規定をも放棄したものと解釈されてはならないものとする。

解説

第20条 〔権利放棄〕

　契約違反に対して、それが重大なものである場合には黙認することはないだろうが、軽微なものであれば一回くらい見逃すこともある。そのような場合、黙認したことが契約の変更であると解釈されないように、このような条項を設ける必要がある。すなわち、たとえ相手方の違反を見逃した場合でも、その後に犯された同様の違反に対しては責任を追及する権利を有していることを確認したものである。

■　Governing Law ／準拠法

Article 21　Governing Law

　This Agreement shall be governed,

第21条 〔準拠法〕

　本契約は、効力、解釈および履行を含む

in all respects including validity, construction and performance, by and under the laws of Japan.	すべての事項について、日本国法に準拠するものとする。

解説

第21条 〔準拠法〕

　契約の成立、解釈、執行可能性などに関する準拠法は、私的自治の原則に委ねる法制をとる国がほとんどであるので、いかなる国の法律を準拠法とするかを合意しておくことが望ましい。ライセンサーの立場としては、確実に契約内容が実行できることが担保され、ノウハウの法的評価が高い国の法律を準拠法とすることが望ましいが、外国法の知識が乏しい場合には、日本法を準拠法にしておくのが無難といえる。開発途上国においては、準拠法条項を自国法で規定するよう強い行政指導があることに注意を要する。

■　**Arbitration／仲裁**

Article 22　Arbitration	**第22条 〔仲裁〕**
All disputes, controversies or differences arising out of or in connection with this contract shall be finally settled by arbitration in accordance with the Commercial Arbitration Rules of The Japan Commercial Arbitration Association. The place of the arbitration shall be Tokyo, Japan.	この契約から又はこの契約に関連して生ずることがあるすべての紛争、論争又は意見の相違は、一般社団法人日本商事仲裁協会の商事仲裁規則に従って仲裁により最終的に解決されるものとする。仲裁地は東京（日本）とする。

解説

第22条 〔仲裁〕

　国際取引から生じる紛争を解決するために、訴訟を提起するという方法があるが、相手国の裁判所でその国の手続法によりその国の言語で裁判をするのは、コストがかかる上に、公正な裁判が期待できない国もある。そこで、当事者双方が選任権を有する仲裁人により、合意した手続ルールや言語によることができる仲裁によって紛争を解決するという方法が国際取引ではよく使われている。仲裁によれば、迅速に、それゆえに安価に紛争を解決することができ、しかも強制執行が必要となる場合にも、判決よりも仲裁判断の方が多くの国が締約国となっている条約があるためにスムーズだからである。

仲裁条項のドラフティングでは、仲裁の対象となる紛争の範囲、仲裁機関、仲裁規則、仲裁地などを明確に規定する必要がある。この条項は、日本商事仲裁協会（JCAA）の商事仲裁規則に従って東京での仲裁より紛争解決をすると定めるものである。このような仲裁合意をしておけば、相手方が訴訟を提起してきても、その訴えの却下をもとめることができる。詳しくは「III. 仲裁条項のドラフティング」参照。

■ Entire Agreement and Modification ／完全合意および修正

Article 23 Entire Agreement and Modification	第 23 条 〔完全合意および修正〕
(1) This Agreement constitutes the complete and exclusive statement of the agreement between the parties relating to the subject matter hereof.	（1） 本契約は、本契約の主題に関する両当事者の完全かつ唯一の合意を構成する。
(2) No modification, change or amendment of this Agreement shall be binding upon the parties except by writing signed by a duly authorized representative of each of the parties dated subsequent to the date of this Agreement.	（2） 両当事者の権限ある代表者により署名された本契約締結日以降の日付の書面による場合を除き、本契約の修正、変更および改訂は、両当事者を拘束しないものとする。

解説

第 23 条 〔完全合意および修正〕

　契約の交渉段階において、契約の主題に関する様々な提案、意思表明、説明などが文書または口頭でなされる。しかし、当事者を規律するものは、調印されたこの契約条項のみである旨を明確にする必要がある。この目的で設けられたのが本条項である。従って、契約日以前における当事者間の合意、契約等は、契約の主題に関しては、効力を失うことになる。

　同様に、契約期間中になされる契約修正などの合意も、各当事者の代表権限を有するものにより署名される場合を除き、当初に署名された契約条項の効力を損なうものではない旨を明確に規定する。

　ライセンス契約に先行する契約（例えば、当該製品に関する一手販売契約や共同開発契約等）がある場合、それらの契約の残存効力と、本契約の関係をいかに調整するかなどについては、例文のような単純な規定では足りないこともあり、個々の事案に則して慎重な検討を要する。

■ Headings ／表題

Article 24　Headings
　The headings of articles and paragraphs used in this Agreement are inserted for reference only and shall not affect interpretation of the respective articles and paragraphs of this Agreement.

第24条　〔表題〕
　本契約において使用される各条項の表題は、参照のためにのみ付されたものであり、本契約の各条項の解釈に影響を与えるものではないものとする。

解説

第24条　〔表題〕
　英文契約の場合、各条項に「見出し」として、その条項の内容を簡潔に示す表題を付けることが多い。この場合、表題自体は内容とは無関係なものであり、内容の解釈に際して当事者を拘束するような効力を有するものではない旨規定しておく方がよい。

■ Language ／言語

Article 25　Language
　This Agreement has been executed in duplicate with equal force and effect in the English language. Communication made for performance under this Agreement shall be made in English.

第25条　〔言語〕
　本契約は、英語で作成された同等の効力を有する2部で締結される。本契約の履行についての通信は、英語で行われる。

解説

第25条　〔言語〕
　契約書作成の為に使用する言語は一言語にしておくのが望ましい。ライセンス契約は使用言語の異なる当事者間の契約であることが一般であり、二言語以上で作成するとその内容について完全な同一性を期することは技術的に困難であるので、多くの契約書は単数言語によって作成されている。

■ Severability ／分離独立性

Article 26　Severability
　If any of the provisions contained

第26条　〔分離独立性〕
　本契約のいずれかの条項が何らかの点に

in this Agreement shall be held to be invalid or unenforceable in any respect, such invalidity or unenforceability shall not affect the other provisions of this Agreement and this Agreement shall be construed as if such invalid or unenforceable provision had never been contained herein.

ついて無効または執行不能とされた場合であっても、かかる無効または執行不能は本契約の他の条項に影響を与えず、本契約はかかる規定が含まれていなかったかのごとく解釈されるものとする。

解説

第26条 〔分離独立性〕

　契約条項のうち、ある条項が無効とされたり、強制力がないとされたりすることがある（独占禁止法等取締法規との関係で）。その場合、残りの条項の効力も同時に無効とするか否かについて、契約書に明文の規定を設けておくことが多い。例文においては、残りの条項の効力は損なわれない旨を定めている。契約の構成としては、無効とされた条文の趣旨をなるべく活かした他の条文に置き換えるための協議を行い、協議不成立の場合、契約は終了というような構成もありうる。

■　末尾文言および署名欄

IN WITNESS WHEREOF, the parties have caused this Agreement to be executed in duplicate their duly authorized representatives as of the date first above written, each party retaining one copy thereof respectively.

For_____　For_____
Title and signature　Title and signature

　上記の契約の証として、本契約当事者は、冒頭記載の日に、それぞれ正当な権限を有する代表者により本契約を2通作成し、各自その1通を保有する。

（会社名）　　　　　（会社名）

_____　_____
肩書および署名　　肩書および署名

解説

末尾文言及び署名欄

　末尾文言は、この契約が両当事者の正当な代表者または正当に授権された者によって署名され成立したことの宣言文である。

　署名は、代表権を有する者または代表者の委任のある者がなさなければならない。署名に際しては、通常署名権限の有無を確認する意味でも、署名者の氏名と共に同人の肩書をも明確に表示しておくべきであろう。

III. 仲裁条項のドラフティング

1. 仲裁とは
（1）法制度としての仲裁

　一般に、仲裁とは「争いの間に入り、両者を取りなし仲直りをさせること」との意味で使われることが多いが、法制度としての仲裁は、紛争当事者間の合意により仲裁人が紛争解決をするものである。分かりやすく言えば、仲裁は法律で認められた私設の裁判である。

　仲裁は、当事者の合意、すなわち、仲裁合意がその根幹である。仲裁合意とは、当事者が紛争の解決を第三者の判断に委ね、その判断に従う旨の合意である。仲裁合意において様々なことを決めておくことはできるものの、細かく合意事項を定めることは煩雑であるので、日本商事仲裁協会（JCAA）のような仲裁機関の仲裁規則によることを定めておくのが普通である。通常、契約書中に仲裁条項として定めておく。仲裁合意があるにもかかわらず、一方の当事者が裁判所に提訴した場合には、他方の当事者が仲裁合意の存在を主張すれば（妨訴抗弁）、裁判所はその訴えを却下することになる。

　仲裁において、裁判官の役割を果たす第三者を仲裁人という。当事者が裁判官を選ぶことはできないが、仲裁人は当事者が合意により選ぶことができる。1名の仲裁人とすることを合意していて、その選任について合意できなければ、仲裁条項において指定している仲裁機関の規則により、その仲裁機関が決定をする。例えば、JCAAの「商事仲裁規則」や「インタラクティヴ仲裁規則」では、3名の仲裁人とすることを合意している場合には、各当事者が1名の仲裁人を選任し、そうして選任された2名の仲裁人が最後の1名を選任する。この合意ができない場合にもJCAAが決定することになる。仲裁人は、当事者の一方が、仲裁手続を無視して何ら対応しない場合でも、仲裁手続を進めることができ、仲裁判断を下すことができる。

　仲裁判断は、確定判決と同一の効力があり、相手方が任意に履行しない場合は、裁判所により強制執行してもらうことができる。

（2）仲裁の特長
（a）国際性

　仲裁法によれば、仲裁判断には、確定判決と同一の効力が認められている。判決の場合には、外国で日本の裁判所の判決の効力が認められるかどうかはその外国の法律次第であるが、仲裁判断の場合には、他の締約国においてされた仲裁判断を一定の要件のもとに承認し、これに基づき強制執行すること約束した「外国仲裁判断の承認および執行に関する条約」（ニューヨーク条約）がある。現在、ニューヨーク条約の締約国は160カ国以上であり、ほぼすべての国が締約国になっているということができる。

　なお、非締約国のうち、わが国と取引の多い国として台湾がある。しかし、台湾は自国の仲裁法においてニューヨーク条約と同様の要件を定めている。

（b）中立性

　仲裁は、手続および判断の中立性を確保することができる。異なる国の当事者の間の取引をめぐる紛争を、一方当事者の国の裁判所によって解決することは、手続法や言語などの違い、さらには適切な弁護士の選任や管理ができないといったことなどから、他方当事者にとって不利である。また、腐敗した裁判官がいる国もある。この点、仲裁は当事者間の合意に基づく紛争解決制度であり、仲裁人の選任、手続言語、手続の進め方などについて、広く当事者の合意によることが認められている。例えば、中国企業と日本企業と間の紛争であっても、英語により、第三国籍の仲裁人による仲裁によって解決することもできる。

（c）手続の柔軟性

　訴訟では、手続のルールは訴訟法に定められており、これを変更することは認められない。他方、仲裁は当事者の合意を基礎にするものであり、当事者が合意により手続の進め方を決めることができる。たとえば、紛争解決期間を6カ月と限定して、その期間内に仲裁判断を下すことを仲裁人に求めることや、手続のすべてを書面やテレビ会議によってのみ行うことも可能である。

（d）非公開性

　訴訟では、一般に手続が公開される。わが国では、憲法82条1項は「裁判の対審及び判決は、公開法廷でこれを行ふ。」と規定している。他方、例えばJCAA仲裁の場合、仲裁を行っていることや仲裁判断の内容について仲裁人も当事者も守秘義務を負っているので、業界の他社に知られることはない。

（e）迅速性

　訴訟は三審制であり、最高裁まで争われると数年はかかる。これに対し、仲裁では、仲裁判断が下されれば、これに対する上訴はできないので、訴訟と比べると迅速に紛争解決を得ることができる。

2．仲裁条項のヒント

　当事者は、仲裁法の公の秩序に関する規定に反しない限り、どのように仲裁手続を行うかを自由に決めることができる。仲裁には仲裁機関を利用して仲裁手続を行う「機関仲裁」と仲裁機関を利用しないで当事者のみで仲裁手続を行う「アド・ホック仲裁」の2つがあるところ、「アド・ホック仲裁」では、現実にうまく仲裁手続が進まないだけでなく、仲裁合意が一応存在するために訴訟ができないという八方塞がりになったケースもある。仲裁に不慣れな場合には、JCAAのような仲裁機関を利用した「機関仲裁」が安全である。

　機関仲裁を利用する場合の仲裁条項のドラフティングでは、利用する規則を特定するだけを定めることもあるが、これに加えて、具体的な手続の方法、仲裁人の資格・数、仲裁手続の言語、手続費用の負担などの定めを盛り込むこともある。以下では、様々な仲裁条項の具体例をあげ、それぞれの特長について考える。

（1）JCAA の３つの仲裁規則に基づく仲裁条項

　JCAA では、(a) 商事仲裁規則、(b) インタラクティヴ仲裁規則、(c) UNCITRAL 仲裁規則、以上３つの仲裁規則に基づく仲裁を提供している。これらの仲裁規則はそれぞれに特長を有し、当事者はその中からふさわしい規則を選択することができる。これらの仲裁規則は JCAA のウェブサイト（http://www.jcaa.or.jp/）からダウンロードが可能である。

（a）商事仲裁規則によって仲裁を行う場合の仲裁条項例

All disputes, controversies or differences arising out of or in connection with this Agreement shall be finally settled by arbitration in accordance with the Commercial Arbitration Rules of The Japan Commercial Arbitration Association. The place of the arbitration shall be Tokyo, Japan.	この契約から又はこの契約に関連して生ずることがあるすべての紛争、論争又は意見の相違は、一般社団法人日本商事仲裁協会の商事仲裁規則に従って仲裁により最終的に解決されるものとする。仲裁地は東京（日本）とする。

解説

　商事仲裁規則【日本語・英語】は、UNCITRAL 仲裁規則の規定を基礎にし、その上で、最新の国際実務を反映した規定を備え、かつ、実務上争いが生じ得る論点についてきめ細やかに対応した仲裁規則である。特長的な規定は、以下のとおりである。

- 迅速仲裁手続に関する規定
- 緊急仲裁人による保全措置命令に関する規定
- 複数の契約から生ずる紛争を１つの仲裁手続で解決することに関する規定
- 多数当事者が関与する紛争を１つの仲裁手続で解決することに関する規定
- 仲裁手続中の調停に関する規定
- 仲裁人による補助者の利用に関する規定
- 第三仲裁人の選任について当事者選任仲裁人が一方当事者の意見を個別に聴く場合に関する規定
- 少数意見の公表の禁止に関する規定

（b）インタラクティヴ仲裁規則によって仲裁を行う場合の仲裁条項例

All disputes, controversies or differences arising out of or in connection with this Agreement shall	この契約から又はこの契約に関連して生ずることがあるすべての紛争、論争又は意見の相違は、一般社団法人日本商事仲裁協

| be finally settled by arbitration in in accordance with the Interactive Arbitration Rules of The Japan Commercial Arbitration Association. The place of the arbitration shall be Tokyo, Japan. | 会のインタラクティヴ仲裁規則 に従って仲裁により最終的に解決されるものとする。仲裁地は東京（日本）とする。 |

解説

　インタラクティヴ仲裁規則【日本語・英語】は、商事仲裁規則と共通する規定を有しつつ、その上で、仲裁廷が争点の明確化に積極的に関与し、かつ、当事者が主張立証活動を効率的・効果的に行うことができるようにするための工夫として、以下のような特長的な規定を置いている。
- 仲裁廷は、手続の出来るだけ早い段階で、当事者に対し、当事者の主張の整理及び暫定的な争点について書面で提示し、当事者の意見を求めなければならない。
- 仲裁廷は、遅くとも証人尋問の要否について決定をする前に、当事者に対し、重要な争点に関する暫定的な見解を書面で提示しなければならない。

(c) UNCITRAL 仲裁規則＋ UNCITRAL 仲裁管理規則によって仲裁を行う場合の仲裁条項例

All disputes, controversies or differences arising out of or in connection with this Agreement shall be finally settled by arbitration in accordance with the UNCITRAL Arbitration Rules supplemented by the Administrative Rules for UNCITRAL Arbitration of The Japan Commercial Arbitration Association. The place of the arbitration shall be Tokyo, Japan.

解説

　UNCITRAL 仲裁規則（＋ UNCITRAL 仲裁管理規則）【英語のみ】には、以下の特長がある。
- 国際連合国際商取引委員会（UNCITRAL）が作成した仲裁規則である。
- 仲裁手続を円滑に行う上で最低限必要なルールを規定している。
- UNCITRAL 仲裁管理規則は、UNCITRAL 仲裁規則に基づき JCAA が事務局として仲裁手続の初めから終わりまでサポートをする上で必要な事項について定めたものであり、UNCITRAL 仲裁規則を補完するものである。

(2) 機関仲裁条項（仲裁機関を指定する仲裁条項）

| All disputes, controversies or differences arising out of or in | この契約から又はこの契約に関連して生ずることがあるすべての紛争、論争又は意 |

| connection with this Agreement shall be finally settled by arbitration in accordance with the Commercial Arbitration Rules of <u>The Japan Commercial Arbitration Association</u>. The place of the arbitration shall be Tokyo, Japan. | 見の相違は、<u>一般社団法人日本商事仲裁協会</u>の商事仲裁規則に従って仲裁により最終的に解決されるものとする。仲裁地は東京（日本）とする。 |

解説

　仲裁には仲裁機関を利用して仲裁手続を行う「機関仲裁」と仲裁機関を利用しないで当事者のみで仲裁手続を行う「アド・ホック仲裁」の2つがあるが、「機関仲裁」を選択する場合、どのような仲裁機関を利用すべきかが問題となる。

　仲裁というのは、仲裁条項を含む契約を締結した後、実際に仲裁を利用するのは数年後、数十年後のことになる。JCAAの仲裁事件でも、10年、20年前に締結した契約に基づいて仲裁申立てがなされることは、決して珍しいことではない。したがって、仲裁機関の選択においては、仲裁機関の存続性というものがとても重要な要素である。契約締結時に存在していたとしても、実際に紛争が生じて仲裁を申し立てようと思ったら、仲裁機関が無くなっていれば、仲裁での紛争解決手段が失われてしまう。仲裁機関はウイスキーの醸造メーカーのようなもので、よいウイスキーを仕込んでもそれが現実に利益を生むまでには一定の期間を要するため、その一定期間を生き延びる必要があり、資金不足で消滅してしまうおそれがある。

　近年、国際仲裁の発展に伴って、各国で次々に新しい仲裁機関が設立されているが、特に、新しい仲裁機関の場合には、安易に選択するようなことはせず、その存続性について調査する必要がある。この点、JCAAは、1950年に日本商工会議所の国際商事仲裁委員会として設置されて以降、半世紀以上にわたる歴史を有し、財政基盤も数多くの会員の支援と他事業からの収益によって安定しており、さらに何よりカントリーリスクのない日本の仲裁機関であるので、その存続性にいささかの問題もない。

（3）仲裁規則を規定する仲裁条項

| All disputes, controversies or differences arising out of or in connection with this Agreement shall be finally settled by arbitration in accordance with <u>the Interactive Arbitration Rules</u> of the Japan Commercial Arbitration Association. | この契約から又はこの契約に関連して生ずることがあるすべての紛争、論争又は意見の相違は、一般社団法人日本商事仲裁協会の<u>インタラクティヴ仲裁規則</u>に従って仲裁により最終的に解決されるものとする。 |

　仲裁は当事者自治を基本とする紛争解決方法である。当事者は、仲裁法の公の秩序に関する規定に反しない限り、どのように仲裁手続を行うかを自由に決めることができる。したがって、当事者が仲裁手続の一つ一つについて検討し決めても良いが、実際にそのようなことをすることは大変面倒であるし、そもそも仲裁手続に不慣れな当事者にとっては、とても難しいことである。そこで、手続管理の専門機関である仲裁機関が、仲裁手続を行うためにドラフトした手続準則の「セット」を利用することになる。これが仲裁規則である。仲裁規則は、仲裁手続の細部に至るまで検討して、円滑にかつ実効的な紛争解決を実現するための様々な事項を定めたものであり、これを契約で採用することによって、当事者の合意内容になるので、個々の事項についての交渉の手間を省くことができる。

　とはいえ、特定の仲裁規則による仲裁を定める条項を契約に盛り込むということは、その仲裁規則が定めている内容のすべてを合意するということを意味するので、本来は仲裁規則の内容を事前にチェックして、万一紛争が発生した場合に自分の側にとって不都合はないのか、有利なのかを検討する必要がある。しかし、実際のところ、法務担当者であっても、仲裁の経験が豊富な方は滅多にいないので、仲裁規則を読んでみても、どのような状況が生じる可能性があるのか、その際にその規定はどのように作用するのかを評価することは難しい。そのような場合であっても、少なくとも、①仲裁人の選任手続の規定、②仲裁地を定める規定、③手続言語を定める規定、④仲裁人報償金や管理料金を定める規定、以上4つの規定については必ず確認する必要がある。

　上記の仲裁条項では、JCAA の「インタラクティヴ仲裁規則」が規定されている。インタラクティヴ仲裁規則は、仲裁廷が争点の明確化に積極的に関与することによって、当事者が主張立証活動を効率的に行うことができるよう工夫された仲裁規則である。上記の4つの点については、次のとおりになっている。

　①の仲裁人選任は当事者自治が原則であり、決められない場合には JCAA が定めることになっている。②の仲裁地について当事者間の合意がない場合には、申立人が仲裁申立書を提出したJCAA の事務所の所在地（東京、横浜、名古屋、大阪、神戸）が仲裁地となる。③の手続言語について当事者が合意できない場合には、仲裁廷が契約書の言語や通訳・翻訳の要否やその費用等を勘案して決定するとされている。④のうち、仲裁人報償金については、請求額に応じた定額制が採用されている点に特徴がある。たとえば、請求額が 5000 万円以上 1 億円未満で、仲裁人 1名の場合には、200 万円であるので、予め紛争解決コストの計算が可能となる。

　仲裁条項は「真夜中の条項」（midnight clauses）の一つとされ、契約交渉の最終段階で、十分検討されることなくドラフトされることもあるが、いざ紛争が発生したときになってから適用される仲裁規則を読んで、遠隔地での仲裁を強いられるといった不利を悟ることがないように、事前のチェックを怠らないようにしなければならない。

（4）「商事仲裁規則」の迅速仲裁手続によって仲裁を行う場合の仲裁条項

All disputes, controversies or differences arising out of or in connection with this Agreement shall be finally settled by arbitration in accordance with the expedited arbitration procedures of the Commercial Arbitration Rules of The Japan Commercial Arbitration Association. The place of the arbitration shall be Tokyo, Japan.

この契約から又はこの契約に関連して生ずることがあるすべての紛争、論争又は意見の相違は、一般社団法人日本商事仲裁協会の商事仲裁規則の迅速仲裁手続に従って仲裁により最終的に解決されるものとする。仲裁地は東京（日本）とする。

解説

商事仲裁規則第2編に定める迅速仲裁手続によって仲裁を行う場合の仲裁条項である。迅速仲裁手続は、原則、5,000万円未満の紛争を処理するために使われる仲裁手続である。仲裁人は1人で、仲裁廷の成立日から3か月以内に仲裁判断をするよう努めることとされている。一般に小額紛争に利用される手続であるが、高額紛争であっても、例えば、金銭消費貸借契約に関連する紛争など、主張・立証が比較的容易な事件にも適していると思われる。

（5）仲裁人の要件や数を規定する仲裁条項

All disputes, controversies or differences arising out of or in connection with this Agreement shall be finally settled by arbitration in accordance with the Commercial Arbitration Rules of The Japan Commercial Arbitration Association. The place of the arbitration shall be Tokyo, Japan. (i) The arbitrator shall be in possession of qualification of a lawyer in Japan. (ii) The number of the arbitrators shall be ( ).

この契約から又はこの契約に関連して生ずることがあるすべての紛争、論争又は意見の相違は、一般社団法人日本商事仲裁協会の商事仲裁規則に従って仲裁により最終的に解決されるものとする。仲裁地は東京（日本）とする。(i) 仲裁人は日本の弁護士資格を有する者とする。(ii) 仲裁人の数は、（ ）人とする。

解説

(i) 仲裁人の要件

　当事者は仲裁条項において仲裁人の要件を自由に定めることができるが、現実的に選任が可能な要件を規定する必要がある。極端な例として、JCAA は、過去に、①フランスの弁護士資格を有し、②日本語で仲裁手続を行うことができ、③国際的な建設紛争に 10 年以上の経験がある者、という要件を定めてもよいかとの問い合わせを受けたことがある。もちろん、これらの条件を仲裁人の要件として定めることは可能であるが、現実的に、これらすべての要件を満たす仲裁人を探すことは極めて困難であると思われる。日本の仲裁法 18 条 1 項 1 号は、当事者の合意により定められた仲裁人の要件を具備しないことを忌避の原因として挙げている。特別の要件を仲裁条項に盛り込む際は、実際に機能するか否かをよく検討しなければならない。

(ii) 仲裁人の数

　一般に、仲裁実務では、仲裁人の意見が分かれて手続が行き詰まらないようにするために、1 人又は 3 人とされ、3 人の場合には両当事者が各 1 名を選任し、そうして選任された 2 名の仲裁人が 3 人目の仲裁人を選任することとされている。仲裁人の数は、当事者の合意によって定めることができるため、仲裁条項のドラフティングの際に、仲裁人の数を予め規定するか否か、規定する場合には何人と規定するかが問題となる。

　一見すると、1 人より 3 人のほうが、より慎重な判断を期待することができ、何より、自ら選任した仲裁人を仲裁廷の中に送り込むことできるのでよさそうに思われる。しかし他方で、単純に 3 倍の仲裁人報償金及び仲裁人経費を要する。手続期間についても、各仲裁人の都合の調整や合議の時間がかかるため、単独仲裁人による仲裁手続より、長い期間がかかる。

　仲裁人の数を決める上で、もっとも重要なことは、発生し得る紛争の規模と複雑さの予測である。JCAA 仲裁では、過去に、2000 万円～ 3000 万円程度の請求金額の単純な事件で、仲裁条項に仲裁人の数が 3 人と規定されていたため、3 人で仲裁廷を構成し、手続を実施した例がある。この事件では仲裁人の数は 1 人で十分であったと思われる。また、仲裁条項に仲裁人の数が 3 人と規定されている場合であって、迅速仲裁手続による旨の規定がないときには、紛争金額が 5000 万円未満の小額紛争であっても、商事仲裁規則 84 条 1 項ただし書により、迅速仲裁手続が適用されなくなる。

　高額で複雑な紛争の発生が予想されるということであれば、仲裁人の数を 3 人と定める仲裁条項とすることでもよいが、そのような予測が立たない場合には、仲裁人の数は規定しないほうがよい。当事者間に仲裁人の数について合意がない場合には、商事仲裁規則 26 条 1 項により、その数は 1 人となる。これは、当事者が 2 人の場合であって仲裁人の数について合意ができないときは、仲裁人の数は 3 人とすると定める仲裁法 16 条 2 項の適用を排除する合意として有効である。そして、商事仲裁規則 26 条 3 項により、いずれの当事者も、被申立人が仲裁申立ての通知を受領した日から 4 週間以内に、JCAA に対し、仲裁人の数を 3 人とすることを書面により求めることができ、この場合において、JCAA は紛争の金額、事件の難易その他の事情を考慮し、これを適当と認めたときは、仲裁人は 3 人とすることができる。

したがって、契約から発生する紛争の規模と複雑さの予測が困難な場合には、仲裁人の数は定めず、その数の決定を JCAA にお任せいただくことをお勧めする。

（6）仲裁手続の言語を規定する仲裁条項

<table>
<tr>
<td>

All disputes, controversies or differences arising out of or in connection with this Agreement shall be finally settled by arbitration in accordance with the Commercial Arbitration Rules of The Japan Commercial Arbitration Association. The place of the arbitration shall be Tokyo, Japan. <u>The arbitral proceedings shall be conducted in Japanese.</u>

</td>
<td>

この契約から又はこの契約に関連して生ずることがあるすべての紛争、論争又は意見の相違は、一般社団法人日本商事仲裁協会の商事仲裁規則に従って仲裁により最終的に解決されるものとする。仲裁地は東京（日本）とする。<u>仲裁手続は日本語によって行なう。</u>

</td>
</tr>
</table>

解説

当事者は仲裁手続の言語（以下「手続言語」）を自由に定めることができる。例えば、「商事仲裁規則」や「インタラクティヴ仲裁規則」に基づく仲裁手続では、当事者間に、手続言語を定める合意がない場合には、仲裁廷が手続言語を決定する。仲裁廷は、手続言語の決定に当たり、仲裁合意を規定する契約書の言語、通訳及び翻訳の要否並びにその費用その他の関連する事情を考慮しなければならないとされている。一般に、国際契約書は英語で作成されていることが多く、その結果、手続言語の合意がない場合には、英語が手続言語となっている。日本企業にとって、英語で手続を実施することは負担が大きいため、日本語で仲裁手続を行ないたい場合には、予めその旨を仲裁条項に定めておく必要がある。

仲裁条項で、たとえば「仲裁手続は英語及び日本語による。」といったように、複数の仲裁手続の言語を規定することもできる。しかし、これは実務的には問題が発生しやすく、費用や労力も大きい。というのは、上記の条項例によれば、日本語だけで書面を提出することができるのか、それとも日本語と英語の両方の言語で書面を提出しなければならないのかが定かではないからである。仮に、日本語の書面だけで、よいとされる場合であっても、仲裁廷の中に英語しか理解できない仲裁人がいる場合には、結局、英語の書面も提出せざるを得なくなる。したがって、日本語と英語のいずれの言語でも手続を行なえるようにするためには、仲裁人は両方の言語を問題なく使いこなせることを要件とするといった定めもしておくのが望ましいということになる。たとえば、次のような条項である。

<table>
<tr>
<td>

The arbitral proceedings shall be conducted in Japanese or English.

</td>
<td>

仲裁手続の言語は日本語又は英語によって行なう。仲裁人は、日本語および英語で

</td>
</tr>
</table>

The Arbitrator shall be competent to conduct the arbitral proceedings in both Japanese and English.	仲裁手続を行なえなければならない。

　しかし、そのような言語能力を有する適任者の絶対数は少なく、仲裁人選任作業が難航することが想定される。このように、複数の手続言語も定めるという条項は注意を要する。

（7）仲裁費用の負担を定める仲裁条項

All disputes, controversies or differences arising out of or in connection with this Agreement shall be finally settled by arbitration in accordance with the Commercial Arbitration Rules of The Japan Commercial Arbitration Association. The place of the arbitration shall be Tokyo, Japan. The losing party shall bear the arbitrator's remuneration and expenses, the administrative fee and other reasonable expenses incurred with respect to the arbitral proceedings (hereinafter the "Arbitration Cost"). In the case where a part of claims is admitted, the Arbitration Cost shall be borne in accordance with the determination of the arbitral tribunal at its discretion. The parties shall each bear their own costs as well as counsels' and other experts' fees and expenses in the arbitral proceedings.	この契約から又はこの契約に関連して生ずることがあるすべての紛争、論争又は意見の相違は、一般社団法人日本商事仲裁協会の商事仲裁規則に従って仲裁により最終的に解決されるものとする。仲裁地は東京（日本）とする。 　仲裁人報償金、仲裁人経費、管理料金、その他の仲裁手続のための合理的費用（以下「仲裁費用」）は、敗れた当事者が負担する。請求の一部のみが認められた場合における各当事者の仲裁費用の負担は、仲裁廷が、その裁量により定める。各当事者は、仲裁手続における当事者自身の費用並びに代理人その他の専門家の報酬及び経費を負担する。

　商事仲裁規則80条1項では、仲裁手続の費用として、①仲裁人報償金、仲裁人経費、管理料金、その他の仲裁手続のための合理的な費用のほか、②当事者が負担する代理人その他の専門家の報酬及び経費をあげており、同条2項で仲裁人が、当事者の負担割合を決定すると定めている。仲裁は当事者自治に基づく手続であるので、仲裁手続の費用負担についても当事者が定めることができる。JCAA仲裁の過去の例をみると、仲裁手続のために当事者が負担するコストの8割から9割は代理人への報酬及び経費の支払いである。なお、代理人の報酬は中小の法律事務所より大手事務所、日本の法律事務所より外国の法律事務所の方が高額であるのが通常である。

　条項例では、上記の①については、敗れた当事者が仲裁費用を負担することとし、一部の請求が認められた場合（部分的に敗れた場合）には仲裁廷が裁量で各当事者の負担を決定すると定め、②については各当事者が自分自身の費用並びに代理人その他の専門家の報酬及び費用を負担すると定めている。

(8) 多層的紛争解決条項

The parties shall attempt to negotiate in good faith for a solution to all disputes, controversies or differences arising out of or in connection with this Agreement (hereinafter referred to as "disputes").

　If the disputes have not been settled by negotiation within [two] weeks from the date on which one party requests to other party for such negotiation, the parties shall attempt to settle them by mediation in accordance with the Commercial Mediation Rules of the Japan Commercial Arbitration Association (hereinafter referred to as "JCAA"). The parties shall conduct the mediation in good faith at least [one] month from the date of filing.

　If the disputes have not been settled by the mediation, then they shall be finally settled by arbitration in accordance with the Commercial

　当事者は、この契約から又はこの契約に関連して生ずることがあるすべての紛争、論争又は意見の相違（以下、「紛争」という）の解決のために、誠実に協議するように努めなければならない。

　一方の当事者が相手方の当事者に対し、協議の要請を行った日から[2]週間以内に、協議によって紛争が解決されなかったときは、当事者は一般社団法人日本商事仲裁協会（以下、「JCAA」という）の商事調停規則に基づく調停を試みるものとする。当事者はその申立ての日から少なくとも[1]カ月、誠実に調停を行わなければならない。

　上記の調停によって紛争が解決されなかったときは、紛争はJCAAの商事仲裁規則に従って仲裁により最終的に解決されるものとする。仲裁地は東京（日本）とする。

Arbitration Rules of the JCAA. The
place of the arbitration shall be Tokyo,
Japan.

解説

　仲裁費用の高額化や仲裁手続の長期化の懸念から、その解決策の１つとして、当事者に仲裁手続を開始する前に、交渉や調停によって紛争解決を試みることを義務づける手続が採用されることがある。上記の「多層的紛争解決条項」では、紛争が生じた場合には、まず初めに、当事者は誠実な「交渉」による解決を試みて、それにより解決ができなかった場合には、次に中立的な第三者を介した交渉である「調停」を利用し、それでもなお、紛争の解決に至らない場合には、最終的に、強制的な手続である「仲裁」で解決するという段階的な紛争解決手続となっている。

　多層的紛争解決手続において注意すべきことは、交渉や調停の手続が、紛争を解決したくない当事者に、遅延策として利用されないように、予め手続期間を決めておく必要がある（上記の多層的紛争解決条項において少なくとも１カ月は調停を行うことを義務付けているが、この期間を定めていない場合にはJCAAの商事調停規則には期間の定めがあり、それは当事者が別段の合意をしない限り３カ月となっている）。

　また、多層的紛争解決手続では、相手方が誠実に交渉によって解決する姿勢がある場合には効果が期待されるが、現実に紛争が発生した場合に協議や調停による解決が期待できないこともあり得るので、期間を余り長く設定していると、その期間、最終的な解決手段である仲裁を開始できないことになってしまうので、ドラフティングの際にはそのことも考慮する必要がある。

（9）交差型仲裁条項（クロス条項）

　All disputes, controversies or
differences arising out of or in
connection with this Agreement shall be
finally settled by arbitration. If arbitral
proceedings are commenced by X
(foreign corporation), arbitration shall
be held pursuant to the Commercial
Arbitration Rules of The Japan
Commercial Arbitration Association
and the place of arbitration shall be
Tokyo, Japan; if arbitral proceedings
are commenced by Y (Japanese
corporation), arbitration shall be held

　この契約から又はこの契約に関連して、当事者の間に生ずることがあるすべての紛争、論争又は意見の相違は、仲裁により最終的に解決されるものとする。Ｘ（外国法人）が仲裁手続を開始するときは、一般社団法人日本商事仲裁協会の商事仲裁規則に基づき仲裁を行い、仲裁地は東京（日本）とする。Ｙ（日本法人）が仲裁手続を開始するときは、（仲裁機関の名称）の（仲裁規則の名称）に基づき仲裁を行い、仲裁地は（外国の都市名）とする。

　当事者の一方が上記の地のうちの一においてその仲裁機関の規則に従って仲裁手続

pursuant to (the name of rules) of (the name of arbitral institution) and the place of arbitration shall be (the name of the city in foreign country).

Once one of the parties commences arbitral proceedings in one of the above places in accordance with the rules of the respective arbitral institution, the other party shall be exclusively subject to the arbitral proceedings and shall not commence any arbitral proceedings as well as court proceedings. The time receipt of the request for arbitration by the arbitral institution determines when the arbitral proceedings are commenced.

を開始した場合には、他方の当事者はその仲裁手続に排他的に服し、他の仲裁手続も訴訟手続も開始してはならない。その仲裁機関によって仲裁申立てが受領された時をもって、仲裁手続がいつ開始したかを決定する。

解説

　交差型仲裁条項は仲裁の相手方（これを通常、仲裁の被申立人という）の所在地を仲裁地として仲裁手続を行うことを定める仲裁条項である。被告地主義仲裁条項や Finger pointing clause とも呼ばれている。相手方の仲裁機関は通常、相手国の仲裁機関が規定される。この仲裁条項の場合、相手方が契約違反をした場合、相手国で仲裁を行うことになるので、相手方が契約違反をする危険性が高い場合には注意が必要である。また、理論的には、仲裁申立てを受けた当事者が、反対請求の申立てではなく、別途、相手国において仲裁を申し立てる可能性があるため、そのような事態を避けるためには、一つの仲裁手続が開始した場合には、別の仲裁手続を開始することはできない旨の定めも合わせて規定しておくことがより望ましい。

（10）準拠法条項と仲裁条項

1. This contract shall be governed by and construed under the laws of Japan.
2. All disputes, controversies or differences arising out of or in connection with this Agreement shall be finally settled by arbitration in accordance with the Commercial

1. この契約は日本法に準拠し、解釈されるものとする。
2. この契約から又はこの契約に関連して生ずることがあるすべての紛争、論争又は意見の相違は、一般社団法人日本商事仲裁協会の商事仲裁規則に従って仲裁により最終的に解決されるものとする。仲裁地は東京（日本）とする。

Arbitration Rules of The Japan
Commercial Arbitration Association.
The place of the arbitration shall be
Tokyo, Japan.

解説

　契約の準拠法を定める条項は仲裁条項などの紛争解決条項とは別に定められることもあるが、上記のように、1項と2項として、両者をセットにして定められることもある。しかし、そもそも、この2つは異なる機能を果たすものであるので、以下のことを十分に認識しておくことが必要である。

　紛争解決条項は、紛争の発生に備えて定めるものであり、紛争が発生してはじめてその適用が問題になる。これに対して、準拠法条項は、紛争が発生するかしないかとは関係なく、契約がスムーズに履行されている間も、当事者間の権利義務及び法律関係の発生、効力、終了などを規律し続ける。

　JCAAへの相談事例として、被申立人の国での仲裁を行うことを定める「交差型仲裁条項」（上記（9））を採用するつもりであるところ、準拠法条項もこれと一体化させ、被申立人の国の法による旨を定めることにしてよいか、とのご質問を受けたことがある。仲裁条項を交差型にするのは、仲裁申立てをする際のハードルを上げ、申立てに踏み切る前の和解交渉や調停が促進されるという効果を期待することができる。

　しかし、準拠法条項をそれに合わせて交差型にしてしまうと、仲裁申立てをいずれの当事者が行うかによって、準拠法が違うということになるので、仲裁申立てがあるまでは準拠法は定まっていないことになる。そうすると、契約は果たして成立しているのか、契約不履行が発生しているのかといった問題について、仲裁申立てまでは準拠法が決まらず、したがって、一義的な答えが得られないことになり、混乱が生ずることになります。準拠法条項と仲裁条項との役割を正しく理解していれば、交差型の準拠法条項はあり得ないことである。

　なお、準拠法条項について付言すると、当事者間で合意すれば準拠法を定めることができるということは、法の適用に関する通則法7条により、特に仲裁による解決の場合には仲裁法36条により定められている。もっとも、それはあくまで契約問題についてであり、会社の代表権には会社設立準拠法が、担保物権には担保目的物の所在地法（債権を目的とする場合にはその債権の準拠法）が適用される等、契約以外の問題については問題に応じて異なる準拠法が適用されることになります。また、代理店の保護規制とか、競争法（独禁法）等の公法上の問題も、準拠法条項では如何ともし難く、複数の国の公法の適用範囲に入っていれば、複数の国の公法の適用もあり得る。

　また、契約問題に限ってみても、安易に契約相手の国の法によることに合意してしまうと、契約書のチェックの段階から紛争の場面まで全ての局面で当該国の弁護士に相談しなければならなくなり、時間とコストがかかることにも注意が必要である。

「そのまま使えるモデル英文契約書シリーズ」のご案内

書名	版型	ISBN コード	本体価格
そのまま使えるモデル英文契約書シリーズ 委託販売契約書（CD-ROM 付）	B5 版	978-4-910250-00-7	¥2,000
そのまま使えるモデル英文契約書シリーズ 委託加工契約書（CD-ROM 付）	B5 版	978-4-910250-01-4	¥2,000
そのまま使えるモデル英文契約書シリーズ 購入基本契約書（CD-ROM 付）	B5 版	978-4-910250-02-1	¥2,000
そのまま使えるモデル英文契約書シリーズ OEM（委託者側）製品製造供給契約書【輸入用】 （CD-ROM 付）	B5 版	978-4-910250-03-8	¥2,000
そのまま使えるモデル英文契約書シリーズ OEM（製造者側）製品製造供給契約書【輸出用】 （CD-ROM 付）	B5 版	978-4-910250-04-5	¥2,000
そのまま使えるモデル英文契約書シリーズ 総代理店契約書【輸入用】（CD-ROM 付）	B5 版	978-4-910250-05-2	¥2,000
そのまま使えるモデル英文契約書シリーズ 総代理店契約書【輸出用】（CD-ROM 付）	B5 版	978-4-910250-06-9	¥2,000
そのまま使えるモデル英文契約書シリーズ 合弁契約書（CD-ROM 付）	B5 版	978-4-910250-07-6	¥2,000
そのまま使えるモデル英文契約書シリーズ 実施許諾契約書【許諾者用】（CD-ROM 付）	B5 版	978-4-910250-08-3	¥2,000
そのまま使えるモデル英文契約書シリーズ 秘密保持契約書・共同開発契約書（CD-ROM 付）	B5 版	978-4-910250-09-0	¥2,000
そのまま使えるモデル英文契約書シリーズ 技術ライセンス契約書【中国語版付】（CD-ROM 付）	B5 版	978-4-910250-10-6	¥2,000
そのまま使えるモデル英文契約書シリーズ 販売基本契約書（CD-ROM 付）	B5 版	978-4-910250-11-3	¥2,000